Basket 2024
Le Livre d'Or

Solar, un département d'Édi8
Retrouvez-nous sur www.lisez.com
serviceclients@lisez.com

Directeur : Didier Férat
Direction éditoriale : Jean-Philippe Bouchard
Édition : Corentin Bréhard et Diane Le Poëzeller
Mise en page : Camille A. Chauvin,
sur une maquette de Yoan De Roeck,
d'après une charte de On/Off
Fabrication : Emmanuelle Laine
Imprimé en France par Pollina - 50916.

ISBN : 978-2-263-18854-1
Code éditeur : L18854
Dépôt légal : octobre 2024

Crédits photographiques
1re de couverture : Getty Images.
4e de couverture : Presse Sports

© Presse Sports, pages : 4, 10, 11, 12, 14, 15, 16, 20, 21, 22, 23, 24-25, 26, 27, 28, 29, 30-31, 32, 33, 34, 36, 37, 38, 39, 41, 42, 43, 44, 45, 46, 47, 48, 49, 50, 51, 52, 56-57, 58, 60, 61, 64, 65, 66, 68, 69, 70, 72, 73, 74, 75, 76, 77 (bas), 78, 79, 80, 81, 82, 83, 86, 87, 98, 99, 100-101, 102, 103, 104, 105, 106, 107, 108, 109, 110, 112, 114, 115 (sauf haut gauche), 116, 117 (droite), 118, 119, 121, 122, 123, 124, 125 (gauche).

© IconSport, pages : 8-9, 18, 35, 40, 62, 77 (haut), 84, 85, 93, 96, 97, 120, 125 (droite).
© Panoramic, pages : 19, 55, 88-89, 90, 91, 92, 94, 95, 117 (gauche).
© Getty Images : page 6.
© FIBA : page 53.
© BCM Basket : page 115 (haut gauche).
© LNB : page 126.

Basket 2024
Le Livre d'Or

Yann Ohnona
Yann Casseville

Préface
Vincent Collet

SOLAR

molten

« L'aube d'un âge d'or »

Après le mandat le plus long de l'histoire des Bleus, qu'il coachait depuis 2009, Vincent Collet a dit au revoir à l'équipe de sa vie.

Arrivé au terme d'un mandat inédit de quinze ans lors duquel il a récolté huit médailles et guidé l'équipe de France – de Tony Parker à Victor Wembanyama – vers les sommets, le désormais ex-sélectionneur Vincent Collet (61 ans), marqué par la dernière campagne olympique, prédit aux Bleus et à la France du basket un destin encore plus grand.

« Ce qui m'a le plus marqué cette année, bien sûr, c'est la performance des équipes de France masculine et féminine aux JO. Dans le basket, ça reste l'épreuve reine. Surtout quand on sait qu'aucun pays organisateur, avant nous, n'était arrivé en finale à l'exception des Américains. Cela rehausse la performance. Et puis, les Jeux à Paris, c'est une fois par siècle…

La deuxième chose, c'est la progression de notre basket d'une façon générale, symbolisée de plusieurs manières. Au niveau des clubs, Monaco a fini troisième de la saison régulière d'Euroligue, après avoir déjà disputé le Final Four. Une tendance se dessine, confirmée par le casting 100 % français de la finale d'Eurocoupe (Paris y a battu Bourg). Lors de la dernière draft, la France a placé trois joueurs dans le top 6 et pris les deux premières places (Zaccharie Risacher, Alexandre Sarr). Les sélections jeunes ont, elles, raflé quatre titres continentaux sur huit possibles. C'est du jamais-vu et cela illustre clairement autant une année d'exception qu'une émergence qui se précise d'année en année, à toutes les strates.

« À un moment, le plafond de verre va bien finir par éclater »

Ce qui me laisse à penser que ce qu'on vit n'est peut-être que l'aube d'un âge d'or. Si ma mission de sélectionneur est terminée, je vais être amené à suivre les jeunes d'encore plus près. Et je peux vous dire que les dernières générations sont incroyables. Il y a déjà Nolan Traoré (né en 2006), attendu très haut à la prochaine draft, qu'on a eu en début de stage aux JO. Mais également Nathan Soliman – un 2009 ! On a encore pas mal de pépites à voir éclore.

Il y a une forme de paradoxe dans ce cheminement. Quand Tony Parker est parti, en 2016, on a cru que cela pouvait s'arrêter. Et non seulement on est allés encore plus haut (deux médailles d'argent olympiques, quatre breloques depuis 2019), mais en voyant l'équipe telle que je la laisse aujourd'hui, on a le sentiment qu'on pourrait vivre la même chose et viser encore plus haut.

Pendant mes quinze ans à la tête de l'équipe de ma vie, j'ai eu la chance d'accompagner cette progression du basket français. Je me souviens de mon premier match à Cagliari en qualification à l'Euro contre l'Italie. On était au bord d'une relégation en deuxième division européenne. Mon dernier ? Il a fallu le coup de génie d'un des meilleurs joueurs de l'histoire, Stephen Curry, pour nous ramener à la raison. Quel fossé !

Au départ, on avait un groupe qui dépendait beaucoup de Tony Parker. Aujourd'hui, même si on avait Victor Wembanyama, l'équipe valait beaucoup plus. C'est même Guerschon Yabusele, avec son tournoi de feu et son dunk sur LeBron James en finale, qui récoltait les cris de « M-V-P ! » Cela montre cette évolution, cette trajectoire. Notre basket s'est enrichi au fil des années. Le niveau s'est considérablement élevé, nos talents sont de plus en plus courtisés et on pourrait constituer une équipe de France uniquement avec nos éléments évoluant à l'étranger.

Alors, être enfin champions olympiques ? Et pourquoi pas ? Notre sport est particulier, avec la suprématie des États-Unis. Il reste une petite marge. Mais l'écart se resserre, à l'image de ce que nous (87-98) et les filles (66-67) avons accompli à Paris. À un moment, le plafond de verre va bien finir par éclater. »

FRANCE
FRANCE
10
FRANCE
32

Sommaire

JO – À l'assaut de l'Amérique

Pour ce premier clash
entre le meilleur shooteur de l'histoire et l'alien qui veut un jour porter la France dans la stratosphère, c'est Stephen Curry, auteur de quatre shoots venus d'une autre planète dans le money-time, qui a pris le meilleur avec ses Avengers américains sur Victor Wembanyama et les Bleus, en finale des Jeux olympiques de Paris.

Rendez-vous à Los Angeles !

Le basket français a regardé les États-Unis les yeux dans les yeux lors d'une campagne olympique historique. Comme un appel à repousser les frontières et à croire à une revanche, en 2028 en terre américaine.

« Envie de leur faire la même chose chez eux. »
Victor Wembanyama

Il a fallu se pincer pour être sûr que la réalité ne s'était pas égarée dans le labyrinthe du multivers. Deux finales olympiques France – États-Unis à Paris ? C'était le fantasme, aussi alléchant qu'improbable, qui animait la balle orange française depuis que le soleil s'était couché sur Tokyo et ses deux breloques, en 2021 – les hommes finalistes, les femmes en bronze. Du rendement des Bleu(e)s au tirage au sort déterminant les tableaux finaux, bien des planètes devaient s'aligner pour voir le rêve prendre corps dans cette dimension, sur les rives de la Seine.
C'est pourtant bien ce qui s'est produit dans l'ivresse d'un week-end de transe, où le basket français a ouvert le champ des possibles. Deux médailles d'argent à Paris ? La réussite ne doit rien au hasard. Elle vient valider, malgré les soubresauts, la culture et la permanence au haut niveau – quatre podiums lors des cinq dernières compétitions internationales – d'une nation à nouveau au centre de l'échiquier planétaire après le crash du Mondial 2023.
« Mais qu'est-ce que vous croyez ? On est bons, les gars ! » lançait Evan Fournier aux journalistes américains toujours sceptiques après la victoire des siens contre l'Allemagne en demi-finale. « On a battu les USA, en 2019 en quart de finale du Mondial, en phase de groupes à Tokyo avec leur grosse équipe, puis on leur a tenu tête en finale. » Et ils ont récidivé, à -3 à 3 minutes du buzzer face à LeBron James et consorts, rejoints le lendemain par les femmes, passées à 1 point (66-67) du plus grand exploit de l'histoire des sports collectifs français face à une équipe US invaincue aux Jeux depuis 1992.

Un Hexagone en pleine effervescence

« C'est un grand pas en avant pour le basket français », réagit Iliana Rupert. Le basket tricolore ne veut plus seulement rivaliser ou s'incliner devant le totem, il veut le renverser. À Los Angeles en 2028 ? La perspective d'une revanche en terre américaine aurait une saveur encore plus douce. « Oui, les voir célébrer à Paris, cette défaite en finale, c'était un petit déchirement et cela donne envie de leur faire la même chose chez eux », résumait Victor Wembanyama, auteur de 26 points dans la lutte finale de Bercy (87-98). Si elle se qualifie pour le tournoi californien, la France arrivera portée par une dynamique qui essaime chez tous ceux que les USA continuent d'appeler avec mépris « le reste du monde ». Alors que les autoproclamés Avengers – LeBron James, Stephen Curry, Kevin Durant – sont sur le point de ranger le costume, partout sur le globe poussent des talents incarnant le monde de demain. Notamment dans un Hexagone en pleine effervescence (voir pages 53-55), dont les jeunes générations n'ont peur de rien. Encore moins depuis l'émergence de Wembanyama et Zaccharie Risacher, numéro 1 des drafts 2023 et 2024, en attendant Nolan Traoré en 2025… « L'Europe rattrape son retard », clame l'intérieur de San Antonio, qui avait aussi lancé après la draft record de juin (quatre Frenchies au premier tour) comme un cri : « C'est la France, frère ! »
« Je vois un bel avenir », prophétisait après la finale Sarah Michel Boury qui, comme Nicolas Batum et Nando De Colo chez les hommes, a tiré le rideau sur une carrière internationale majuscule. « Les filles sont jeunes, il y a tout. À force de travail et de foi, en avançant ensemble, elles l'auront, un jour, cette médaille d'or. » Et peut-être qu'après avoir entendu les enceintes de Bercy cracher *Living in America*, on entendra *Les Champs-Élysées* à Los Angeles en 2028.

Pour Iliana Rupert, ici au shoot en finale olympique, la France du basket a fait cet été « un grand pas en avant ».

La stat

1 078 319

Le nombre total de spectateurs pour le basket 5 x 5 à Paris 2024. Record battu, largement. Il a été établi en 52 matches, soit quarante de moins qu'Atlanta 1996, qui détenait jusqu'alors la meilleure marque (1 068 032). Cet été, l'affluence fut de 20 737 spectateurs par rencontre, avec une quasi-parité : 21 711 pour le tournoi masculin, 19 763 au tournoi féminin. Des moyennes notamment dues à l'exceptionnel engouement au stade Pierre-Mauroy de Villeneuve-d'Ascq : 24 352 spectateurs par match en phase de poules !

PARIS 2024
USA
6
PARIS 2024

Les Avengers prennent la tour Eiffel

Les États-Unis ont eu besoin d'un coup de génie de Stephen Curry, mais sont restés maîtres du monde face aux Bleus héroïques d'un Victor Wembanyama en pleine lumière. La France entre dans une nouvelle ère.

LeBron James, sneakers d'or aux pieds en finale, a guidé les États-Unis et été désigné MVP des JO, à 39 ans.

Le déhanché de Stephen Curry a le même effet à Paris que sur les parquets américains. Quand le meilleur shooteur du monde, éternel meneur de Golden State, le déclenche, c'est qu'il est déjà trop tard. Evan Fournier et Nicolas Batum avaient beau déployer leurs dernières forces et se détendre pour se jeter sur lui, le cuir a transpercé le filet et les cœurs français, entérinant la quatrième défaite de l'histoire des Bleus face aux États-Unis dans une finale olympique (après 1948, 2000 et 2021). Quatre flèches létales lancées coup sur coup, toutes dans les trois dernières minutes, par Curry – qui disputait ses premiers Jeux –, ont éteint les derniers espoirs français (87-98) d'un premier sacre olympique, à domicile. Une consécration qui, à l'exception de la toujours souveraine équipe américaine – 5ᵉ sacre de suite, 17 en 20 participations –, continue de fuir la nation-hôte.

Le sang coulait tel des larmes sur l'arcade ouverte de Nicolas Batum quand il devait quitter les siens alors que l'issue du match ne faisait plus de doute. Le capitaine des Bleus, « Batman », venait de ranger sa dernière cape (177 sélections, 7 médailles, un record). Mais les Tricolores n'avaient pas à rougir après un combat homérique où comme il y a trois ans, comme en l'an 2000, ils ont été au contact à moins de quatre minutes du buzzer.

Les USA, s'ils restent supérieurs à la concurrence par l'addition des talents de leurs « Avengers », ne dégagent plus la même aura. S'ils ont, comme en 1992 et en 2008 (la Redeem Team), accompli leur mission et lavé ce qu'ils vivaient comme un affront – l'élimination au Mondial 2023 –, ils ont semblé à des années-lumière de l'originelle Dream Team de Barcelone, pionnière qui avait marché sur le monde et amorcé la globalisation de la discipline dans le reste du monde.

Face aux Bleus, les hommes de Steve Kerr ont affiché un visage suffisant. Déjà miraculés en demi-finales face à la Serbie (95-91 après avoir compté 17 points de retard), ils ont eu besoin d'un nouveau coup de génie de leur meneur de 36 ans (36 points en demie, 24 et 8/12 à 3 points en finale) pour s'extirper de l'étau, ainsi que de deux performances de mutant de leur patron, LeBron James, désigné MVP du tournoi à 39 ans : 14 points, 10 passes contre la France, un triple-double deux jours plus tôt.

Le rêve était à portée de main. Guerschon Yabusele avait marqué son territoire en écrasant le dunk du tournoi sur LeBron James en fin de première mi-temps

Les stats

17 En 20 participations, les USA ont décroché leur 17e sacre olympique. Leurs trois seuls impairs ? 1972 et sa finale controversée contre l'URSS (50-51), l'édition de Séoul 1988, à nouveau contre l'Union soviétique (63-76), qui a précipité l'arrivée des joueurs NBA. 2004 à Athènes (bronze) reste la seule fois où les Américains sont tombés du trône depuis que les superstars prennent part à l'événement.

4 La France a disputé sa quatrième finale olympique. Elle a perdu à chaque fois contre les États-Unis : en 1948 à Londres (21-65), en 2000 à Sydney (75-85), en 2021 à Tokyo (82-87) et donc en 2024 à Paris (87-98).

« Leur talent incroyable a fini par faire la différence. »
Vincent Collet

(20 points). Les Français ont eu du mal à emmener le match sur un terrain lent et défensif qui leur aurait mieux convenu. Leur maladresse à 3 points (9/30) comme aux lancers francs (10/17) les a lourdement pénalisés. En fin de rencontre, la paire d'arrières qui régnait ces dernières années livrait un baroud magnifique. L'enfant de Charenton Evan Fournier, bien que maladroit (3/10), trouva des intervalles à l'expérience. Nando De Colo (37 ans), après un tournoi fantomatique, est redevenu lui-même. Ses 12 points et 3 passes ont permis d'entretenir la flamme. L'arrière aux six médailles disait lui aussi adieu à l'équipe de son cœur et finissait en larmes, réconforté par les accolades de tous ses coéquipiers.
« Leur talent incroyable a fini par faire la différence, reconnaissait Vincent Collet, le sélectionneur aux désormais huit médailles, à la sortie. Nous avons fait un grand match, je pense, malgré tout entaché de petites erreurs, de fautes en contre-attaques mal terminées, de lancers francs manqués. On savait qu'on était bons quand on jouait moins de possessions, et en première mi-temps, on a accepté leur rythme, trop saisi les premières opportunités de tir. On était trop gourmands. Mais c'est une finale à Paris, face aux Américains. On a beau le marteler, chaque joueur a ses émotions et on essaie de les utiliser. Mais là, ce n'était pas possible. »

Kevin Durant devient le premier basketteur à conquérir un quatrième or olympique. Il n'a pas manqué grand-chose à cette vaillante équipe de France. Dans un creux depuis un an, elle a même atteint des cimes qui ne lui semblaient pas accessibles, confirmant la santé éclatante de sa culture du haut niveau et sa permanence dans le concert international – quatre podiums lors des cinq dernières phases finales, deux argents olympiques. L'avenir sera semé d'embûches, et une qualification pour les JO de Los Angeles, en 2028, n'a aujourd'hui rien d'acquis. Il n'en est pas moins empli de promesses et d'espoir incarné par son « alien », qui rêve désormais de se payer les Avengers dans leur QG, à Los Angeles en 2028. Après un tournoi en mode apprentissage, où le staff des Bleus aura longtemps pianoté avant de trouver la formule à l'entrée des matches couperets, Victor Wembanyama a livré sa plus belle bataille. Face à la défense moins rigoureuse des Américains, il a retrouvé espaces, adresse, humiliant au passage le « traître » Joel Embiid lors des cinq premières minutes, l'enrhumant sur plusieurs actions d'éclat.
Dans un croisement générationnel troublant, c'est le natif du Chesnay, du haut de ses 20 ans, qui sur un rebond offensif transformé en panier, avait ramené les Bleus au plus près (79-82, 37e) avant le festival de Curry. Insuffisant mais réjouissant, après une rencontre où l'intérieur de San Antonio aura enfin trouvé des espaces. Ses 26 points (11/19), 7 rebonds, 2 passes, et surtout l'âme bleue qui semble l'habiter, sont une promesse. Et même si la hiérarchie n'a toujours pas tremblé, il se peut tout de même qu'on ait fait un premier pas vers un autre monde.

Nando De Colo (ici face à Joel Embiid) a livré son meilleur match des Jeux olympiques en finale avec 12 points.

« Night, night ! » (« Bonne nuit les petits »), l'iconique célébration de Stephen Curry, dégainée par le meneur des Warriors après avoir crucifié les Bleus.

En tribune

Plus de VIP, moins de transe

L'un des acteurs inattendus de la finale se trouvait dans les gradins de Bercy. Garnies comme jamais de guest stars, un soir où le prix des billets s'est envolé entre deux et six mille euros, les tribunes ont accueilli – entre autres – le président Emmanuel Macron, Teddy Riner, Thierry Henry, Omar Sy, Tony Parker et Zinédine Zidane côté français, Gregg Popovich, Draymond Green, Adam Silver, Megan Rapinoe ou encore le présentateur Jimmy Fallon *(photo)* côté US. Résultat : comparativement à la finale femmes ou aux précédents matches des Bleus, une salle qui pousse – beaucoup – moins. Au point que Vincent Collet, qui avait autre chose à penser, l'a relevé : « On a été moins soutenus, c'était net. Normalement, quand on revient à -3 (79-82, 37e), la salle aurait dû être en fusion. Ce n'était pas le cas. Quand Curry marque de l'autre côté, il y a au contraire presque une explosion. Je m'y attendais. On avait vu les tarifs. Je me doutais que le public serait différent. Mais c'est comme ça, les JO n'appartiennent pas à la France », regrettait-il après la rencontre.

Ils ont rallumé la flamme

Après le fiasco du Mondial et un début de compétition alarmant, les Bleus ont trouvé le feu sacré et se sont offert la plus majestueuse des sorties, lors d'une finale olympique à domicile.

Nicolas Batum, le capitaine des Bleus, s'est offert une sortie à la hauteur de sa carrière majuscule en équipe de France, marquée par sept médailles internationales.

À quoi tient un destin ? Longtemps, celui de ces Bleus, qui jouaient, à l'ombre de la tour Eiffel, armés de leurs deux tours jumelles – Rudy Gobert, Victor Wembanyama –, la compétition de leur vie, a semblé suspendu sur un fil invisible. Ballottés géographiquement, entre Lille et Paris, comme dans leur basket, un jour étincelants, le lendemain proche du néant, les Français, fidèles à leur ADN, ont dû visiter le fond du gouffre, effleurer ses parois sombres et humides, ressentir le vide et l'oubli pour rallumer la flamme. On leur prédisait, après le crash de Djakarta au Mondial, un nouveau fiasco à Paris ? Un bide en salles face au blockbuster US incarné par les Avengers de LeBron James et Stephen Curry ? Ils ont réécrit le scénario pour en faire un film d'auteur à la française, avec ses tergiversations, ses tortures mentales mais aussi son génie. À Paris, ils seront passés par tous les états avant de regagner la finale et d'y faire trembler le totem américain sur ses fondations. Récit d'une résurrection en sept actes.

Acte 1 : 30 juillet 2024
Strazel, le miracle

Quelques centimètres. C'est sans doute ce qui a séparé Yuki Kawamura et le Japon d'une qualification en quarts et d'un coup de poignard qui aurait pu éteindre les espoirs bleus dès le deuxième match de poules des Jeux olympiques, dans un stade Pierre-Mauroy de Villeneuve-d'Ascq médusé. Mais, les siens à +4 à dix secondes du gong (84-80), l'intrépide meneur nippon, auteur de 29 points, 7 rebonds et 6 passes, s'est (inutilement) jeté sur Matthew Strazel et a commis l'irréparable, effleurant le bras et la hanche du non moins téméraire jeune shooteur de vingt et un ans. Miracle ou coup de pouce du destin ? Sans doute un peu des deux alors que la prière en déséquilibre du Monégasque atteignait la cible, avec en prime un lancer permettant aux Français de trouver la solution en prolongation (94-90) en appuyant enfin sur l'intérieur et Victor Wembanyama (18 points, 11 rebonds).

> **« Il a quasiment sauvé tout le tournoi. »**
>
> **Nicolas Batum sur le shoot décisif de Matthew Strazel**

Sans ce tournant imprévisible, la France, vainqueure peu rassurante du Brésil deux jours plus tôt (78-66), même si elle avait au final accroché le top 8, aurait probablement été projetée dans les griffes américaines dès les quarts de finale.

Régénérés après avoir vu le vide de très (trop) près, les Bleus explosent. Frank Ntilikina joue les mimes en déposant une couronne sur l'afro du natif de Bourg-la-Reine, formé à Marne-la-Vallée, qui a fini avec 17 points (son

Le tir miraculeux de Strazel sur le Japonais Yuki Kawamura qui a tout changé pour les Bleus.

« Tu vas l'encadrer ce shoot, non ? »

Evan Fournier à Matthew Strazel

record). « J'ai cru qu'il allait être contré. Il fait un exploit qui nous sauve », saluera Vincent Collet. « Il a quasiment sauvé tout le tournoi », abonde Nicolas Batum. « Tu vas l'encadrer, ce shoot, non ? » ajoute Evan Fournier dans un sourire, en interpellant le meneur de poche (1,82 m) en zone mixte. Le quadruple champion de France à seulement 21 ans (Asvel 2021, 2022 ; Monaco 2023, 2024), par son culot et sa progression entrevue lors d'une fenêtre internationale de février réussie, s'est révélé l'invité surprise – et le sauveur – d'une liste des douze singulière, à l'orientation défensive extrême et critiquée de toute part. La faute à un épisode remontant à l'été précédent, source du bouleversement opéré pour sauver les JO 2024.

Acte 2 : été 2023

Djakarta, le crash salvateur

Flashback à l'été 2023. À Djakarta, l'horizon est bouché par un nuage de pollution jaunâtre. On y réenfile les masques, vestiges de l'époque Covid. L'atmosphère, étouffante, est parfaite pour un fiasco. Ce sera le plus cinglant de l'histoire de l'équipe de France : arrivés en bombant le torse en Indonésie, annonçant viser l'or à la Coupe du monde, les Bleus repartent tête basse, éliminés en 48 heures et deux claques. La première est administrée par le Canada (65-95), avant la désillusion face à la Lettonie (86-88). « On est tous, collectivement, responsables », avance alors le président fédéral, Jean-Pierre Siutat, après la 18e place des Bleus. Il promet le grand chamboulement avant les JO, à tous les niveaux, et donne rendez-vous en octobre.

La révolution accouche... d'une souris. Un seul changement, dans le staff, avec le remplacement de l'assistant Laurent Foirest – pourtant absent en Indonésie, excusé en raison de sa prise de fonctions aux Mets 92 – par Kenny Atkinson, labellisé NBA. Après un été 2023 marqué par le pedigree insuffisant des adversaires lors des matches amicaux, la préparation aux JO sera un parcours du combattant.

Les Bleus veulent de l'adversité, ils vont en avoir. Aux deux succès inauguraux en trompe-l'œil (Turquie et Allemagne privées de leurs cadres), succèdent quatre défaites – Allemagne, Serbie, Canada, Australie, record égalé sous l'ère Collet – soulignant leurs carences offensives (72 points en moyenne lors de ces quatre revers), dans la création, et un manque de rigueur (29 balles perdues dans un scrimmage contre le Canada !). S'ils ont une certitude en débarquant aux Jeux, c'est qu'ils ne sont pas – encore ? – prêts.

Acte 3 : 8 juillet 2024

Liste des 12, la controverse

Si Djakarta – ainsi que l'Euro 2022, fini miraculeusement sur la deuxième marche – a fait apparaître une évidence aux yeux du sélectionneur et de son staff, c'est l'impasse d'un plan visant à développer un basket identique aux nations dominantes d'aujourd'hui, leur jeu uptempo dominé par des meneurs au talent supérieur – Shai Gilgeous-Alexander (Canada), Josh Giddey (Australie), Dennis Schröder (Allemagne), Stephen Curry (USA). Profils dont ne dispose plus la France alors que le déclin de sa ligne arrière majeure – Nando De Colo, 37 ans, Evan Fournier, qui n'a presque pas joué depuis deux ans – apparaît comme une évidence.

À contre-courant du basket contemporain, axé sur le drive and kick et le shoot à 3 points, Vincent Collet fait un choix philosophique longtemps resté incompris par

En conclusion de la phase de poules, les Français se sont fait balader par les Allemands de Franz Wagner (26 points), ici au dunk.

les observateurs. « Nous avons une obsession : bâtir une défense hors norme », explicite-t-il en préparation. Le 8 juillet, date de remise de la liste des 12, il se prive d'éléments offensifs comme Élie Okobo et Sylvain Francisco – dont le comportement et l'inefficacité les deux étés précédents ont plus nui qu'ils n'ont aidé la sélection –, ou l'émergent Nadir Hifi. Il privilégie une stratégie défensive extrême rendue possible par l'arrivée d'un alien capable de tout dans le groupe France.

Les favoris parient sur l'attaque ? Les Bleus dresseront un mur autour des deux tours jumelles Victor Wembanyama-Rudy Gobert, et une galerie de stoppeurs – Ntilikina, Albicy, Strazel, Cordinier. Quitte à assécher leur attaque. « Ils ont été choisis sur ces critères, éclairera Collet avant la finale. Du moment où l'on considérait ne pas avoir de Schröder ou autre, il fallait des soldats capables de tout donner sans chercher à remplacer le super meneur qu'on attend. Cela a pris du temps. Il a fallu beaucoup convaincre, mais aujourd'hui vous voyez que l'identité qu'on voulait est là. Cela explique une partie des choix, bien sûr discutables et contestables, mais assumés dans cette optique. »

Acte 4 : 2 août 2024
Allemagne, l'humiliation

Impossible de ne pas avoir les tympans qui brûlent. En ce vendredi 2 août, le stade Pierre-Mauroy, après le sursis gagné face au Japon, attend les Bleus au tournant face à l'Allemagne championne du monde. Débordée de tous les côtés, la France regagne son vestiaire sous les sifflets au terme d'une première mi-temps indigente (27-48). « Ils avaient raison, réagit Rudy Gobert. On n'était pas au niveau où on doit être, c'est normal que les fans soient déçus, mais on l'était encore plus. » La France déjà qualifiée pour le top 8 à Paris, un revers n'a rien d'éliminatoire. Mais la prestation pique clairement

Isaïa Cordinier a sonné la révolte dans la dernière période de la rencontre perdue face à l'Allemagne en poules.

les yeux. Et l'orgueil. Dans l'intimité du vestiaire, Nicolas Batum appelle à la révolte. « Quel genre d'équipe veut-on être ? Qu'est-ce qu'on veut faire, comment y arriver ? Si on répète ça mardi (en quart), c'est fini. » Sourire goguenard, Dennis Schröder (26 points) tance le banc français à grand renfort de gestes provocateurs, après une ultime flèche à 3 points. Son compère Franz Wagner (26 unités également) s'est lui autorisé deux dunks en passant en revue la défense bleue, notamment un sur Victor Wembanyama, qui a fait trembler le stade Pierre-Mauroy sur ses fondations.

Les tricolores tentent de relever la tête. Une réaction initiée par Isaïa Cordinier qui, déchaîné, part ligne de fond écraser la balle dans le cercle. « À la fin, il n'y avait plus de système ou de stratégie, c'était juste de l'envie, on se battait enfin sur tous les ballons. C'est ce qu'il faut faire », insistait Batum après la défaite (71-85). « On a les qualités, les joueurs pour. Maintenant, c'est juste... » Le capitaine, plutôt que de terminer sa phrase, frappe deux fois son cœur. Dans les jours qui suivent, il appellera, avec Nando De Colo, des réunions individuelles et collectives avec ses coéquipiers pour nourrir l'indispensable révolte. Malgré une dynamique négative, Vincent Collet garde un motif d'espoir : « Mon expérience : les quarts, c'est une nouvelle compétition qui démarre. »

Acte 5 : 3 août 2024

Fournier-Collet, liaisons dangereuses

Moins d'une heure après le capitaine, c'est au tour d'Evan Fournier de parler cash. L'arrière se livre sur le jeu offensif des Bleus qui ont péniblement inscrit 71 points face aux Allemands : « Par moments, on se trompe dans la façon de jouer. De nos jours, la meilleure défense reste l'attaque. Ce n'est plus le jeu des années 1990 où tu pouvais défendre demi-terrain. Ton attaque est primordiale pour l'équilibre sur le parquet, la transition. » Collet juge les mots « regrettables et inacceptables. Evan Fournier n'est pas le groupe. Cette équipe ne peut avoir de résultats sans une défense de plomb. » L'arrière, titulaire jusqu'ici, est repoussé sur le banc. Le débat, stérile, ne démontre qu'une seule chose : que l'on parle d'attaque ou de défense, les Bleus ne font ni l'un ni l'autre au niveau requis.

Mais – et c'est le plus important – les deux hommes, qui auront plusieurs discussions privées, ont crevé l'abcès. « Ça nous a aidés », jugera même Fournier. Entretemps, l'ex-joueur de New York a été l'un des protagonistes d'une altercation verbale musclée avec le président de la FFBB Jean-Pierre Siutat, venu exprimer sa « honte » devant les Bleus à la veille du quart contre le Canada. Fournier lui aurait répondu : « Moi, c'est de toi

« Ses mots sont regrettables et inacceptables. Evan Fournier n'est pas le groupe. Cette équipe ne peut avoir de résultats sans une défense de plomb. »

Vincent Collet

que j'ai honte », avant de quitter la salle, bientôt suivi, selon un témoin, par Victor Wembanyama. « La petite histoire, on s'en fout », glissera Siutat à la sortie de l'été, refusant de revenir sur l'incident qui a manifestement participé à l'électrochoc et à la métamorphose des Bleus. Fournier, qui jurait ne vouloir que le bien de l'équipe, assume en acceptant le rôle de sixième homme, son déclassement offensif – sans perdre celui de patron dans le money-time – puis en se mettant au diapason en défense jusqu'à signer en demie contre l'Allemagne une partie remarquable dans ce secteur. Fournier et Collet se tombent dans les bras au buzzer. L'arrière rend hommage aux « deux master class » tactiques délivrées par son sélectionneur depuis son coup de sang.

Acte 6 : 6 août 2024

Canada, souviens-toi l'été dernier

« Un discours de bonhomme, qui nous a galvanisés. » Ainsi Evan Fournier décrit-il le speech de Vincent Collet avant le quart face au Canada, un an après la gifle infligée par Shai Gilgeous-Alexander et sa bande à Djakarta (95-65). « Je n'ai pas parlé basket, raconte le sélectionneur. Je suis revenu à mon discours d'ouverture du stage. » Frank Ntilikina note comment l'entraîneur a « pour une fois lâché sa plaquette » pour se concentrer sur l'enjeu supérieur de l'événement et l'esprit qui devait habiter ses soldats, afin qu'ils ne nourrissent pas, en cas de défaite, des regrets éternels.

Collet joint les actes à la parole et renverse la table. Du stade Pierre-Mauroy à Bercy, les Bleus apparaissent métamorphosés. « On a tout changé en deux jours », s'amuse Batum, en référence aux modifications du cinq de départ : Cordinier plutôt que Fournier « pour élever

Evan Fournier après son plus gros shoot du tournoi, déclenché à 13 mètres contre le Canada.

En quart contre le Canada, la France a retrouvé son identité défensive, à l'image du contre de Victor Wembanyama sur Dillon Brooks (ci-dessus), avant de prendre une éclatante revanche sur l'Allemagne en demi-finale (Guerschon Yabusele, ci-contre).

« Ce n'est plus le basket des années 1990. C'est celui des années 2030, maintenant. On est dans le futur ! »

Evan Fournier après la demi-finale contre l'Allemagne

le niveau défensif », dixit Collet, qui entérine l'échec de l'association Wembanyama-Gobert en remplaçant ce dernier (par ailleurs touché au doigt) par Guerschon Yabusele. Wemby est restitué au poste 5. Même moins impactant offensivement (7 points), l'intérieur pèse. Surtout, le jeu est plus équilibré. Plus de spacing en attaque, plus d'agressivité en défense.
Les Canadiens sont pris à la gorge. Yabusele et Cordinier terminent avec les deux meilleures marques (22 et 20 points), Lessort enfonce tous ses vis-à-vis. Gobert joue moins de 4 minutes. Fournier, mué en joker offensif (15 points dont 10 dans les dernières minutes), inscrit un panier d'anthologie à 13 mètres qui scelle une victoire de légende (82-73). « Y a quoi maintenant ? » hurle à un public en transe l'enfant de Charenton, qui évolue à domicile pour la première fois de sa vie. « C'était le Collet game. Sa victoire à lui et au staff », résume Batum, dont les Bleus ont imité leurs devanciers de Sydney, vainqueurs du Canada au même stade en l'an 2000. « Il fallait redevenir nous-mêmes, poursuit le capitaine. Il y a des mecs vice-champions olympiques, d'Europe, des médaillés mondiaux ici... J'en ai fait, des campagnes, en 2013, 2014, 2019, où tout le monde nous voyait rentrer à la maison (sourire). » Mais les Bleus vont jouer les prolongations à Paris.

Acte 7 : 8 août 2024

Allemagne, en mode Avengers

Dans le vestiaire, à quelques minutes de retrouver l'Allemagne, les Bleus se rappellent l'humiliation infligée par la Mannschaft six jours plus tôt. Sa facilité, ses sourires... « Ils faisaient trop les malins tout au long du tournoi », dit Andrew Albicy. Collet prend la parole : « Allez-vous laisser cette équipe vous voler la finale ? » La réponse, collective, se répercute sur tous les murs : « Impossible ! Quitte à mourir sur le terrain. »
Ces Bleus-là revendiquent leur mentalité « kaïra » (verlan de « racaille »), surnom traduisant leur volonté d'imposer un défi physique impitoyable et de rentrer dans la tête de leur adversaire, quel qu'il soit. Et comme ils avaient dominé physiquement le Canada, ils concassent l'Allemagne (73-69), championne du monde en titre. Après s'être collé aux basques de Gilgeous-Alexander, Batum enchaîne avec Dennis Schröder. Le duo Yabusele (17 points) – Cordinier (16) récidive. Et si Wembanyama manque encore la cible (11 points à 4/17), il symbolise l'imperméabilité de la défense française, qui laisse la machine allemande pourtant si bien huilée très loin de ses standards offensifs. « Ce n'est plus le basket des années 1990. C'est celui des années 2030, maintenant. On est dans le futur ! » s'esclaffe Evan Fournier.
« Ce qu'on avait semé depuis le début de la prépa avait fait des petits, mais il fallait un électrochoc, c'est l'entrée dans les matches couperets... et peut-être aussi l'ampleur de la première défaite contre l'Allemagne », analyse Collet, sourire aux lèvres, dont les soldats honoreront leur promesse. « On s'était donné rendez-vous à 21 h 30 samedi. » Pour la finale olympique.

FRANCE
THEIS
10
VOIGTMANN
7
PARIS
2024

L'incroyable coup d'éclat de Guerschon Yabusele,
qui s'envole au-dessus du King LeBron James, vu du ciel. Un cliché réalisé par le photoreporter de *L'Équipe* Bernard Papon.

USA
6

Le dunk d'une vie

Son poster sur LeBron James a sublimé l'énorme compétition de Guerschon Yabusele. Et même modifié le cours de son destin, qui s'écrira désormais à nouveau en NBA, à Philadelphie.

Guerschon Yabusele écrase le cuir dans le cercle en allant défier King James. Celui-ci mettra un moment avant de s'en relever.

Un ours, toute afro dehors, s'envolant devant l'un des plus grands joueurs de l'histoire, LeBron James, pour lui écraser sur la tête un dunk d'anthologie ? L'image va rester. Malgré la déchirante défaite des Français face aux USA en finale des JO (87-98), l'ailier-fort du Real Madrid a livré un combat épique. En plus de son apport offensif (20 points), Yabusele s'est coltiné le King en défense lors d'une soirée magnifiée par cette action d'éclat qui semble un écho, une revanche symbolique vingt-quatre ans après, au mythique dunk de Vince Carter sur Frédéric Weis lors des JO de Sydney. Un moment pas comme les autres.

Le dunk : « C'est lui ou moi »

« Les gens ont l'air surpris, alors que ce sont des choses que je peux faire. C'était une action assez incroyable. Un moment dont je me souviendrai, et les gens aussi, longtemps. Parce que c'étaient les JO. LeBron James m'avait contré quelques possessions auparavant. Je ne me suis pas retourné mais je l'entendais chambrer. Je m'en suis souvenu. Quand je le vois arriver, c'est soit je dunke, soit il me contre. Mais je ne peux pas aller au lay-up, je ne peux pas faire de feinte. C'est lui ou moi. J'y vais avec ma force, mon côté physique. Je pensais qu'il allait décoller. Il a prouvé que c'était un bon contreur. Donc quand je saute et que je le vois rester comme ça, je me dis : "Il est fou ! Il est en bas du panier, je vais dunker, c'est sûr." J'ai eu un coup de boost. Et quand ça passe, je le vanne à mon tour. » « Le dunk de Carter sur Fred Weis ? C'est vrai ça ! Je n'y avais pas pensé. Bon, je ne suis pas passé au-dessus *(il rit)*. À la fin, c'était cool, il m'a félicité. Cela reste respectueux. Je me rends compte combien il a apporté à ce sport. »

« Quand je saute et que je le vois rester comme ça, je me dis : "Il est fou ! Il est en bas du panier, je vais dunker, c'est sûr." »

Guerschon Yabusele

Le poster : « Pourquoi pas un tatouage sur le dos ? »

« Nicolas (Batum) a dit que j'allais me faire tatouer le dunk ? J'ai zéro tatouage, mais pourquoi pas un gros sur le dos de cette image *(sourire)*. Mais le poster, c'est sûr, je vais l'encadrer à l'entrée. J'hésite même à le mettre dans la rue, pour que quand les gens passent en voiture, ils sachent que j'habite là *(il rit)*. Plus sérieusement, vivre un tel instant devant ma famille, mes amis, c'est inoubliable. On ne voulait pas sortir par la petite porte. Dans son speech, Vincent (Collet) nous avait dit de poser nos c... sur la table. J'ai revu le dunk déjà de nombreuses fois. Tout le monde me l'envoie *(rire)*. Je n'étais pas encore sorti du match que j'avais déjà reçu des dizaines de messages. »

Le destin : « Prêt pour une deuxième chance »

Il n'a pas fallu longtemps pour que le buzz accompagnant l'image de son dunk sur James, et une phase éliminatoire sur un nuage (19,4 points, 4,7 rebonds) ne poussent les franchises NBA à se repencher sur le cas Yabusele. Après un passage anecdotique de 2017 à 2019 à Boston (2,3 points), l'ailier-fort vainqueur de l'Euroligue 2023 encore sous contrat avec le Real Madrid n'a pas tardé à faire savoir ses intentions sur les réseaux. « Cela fait longtemps que j'attends une deuxième chance. Je suis prêt. » Pisté par Cleveland, il va finalement rejoindre Philadelphie selon des modalités risquées. Signé au minimum (2,1 millions de dollars), en attendant mieux s'il confirme les espoirs, Yabusele devra s'acquitter d'une partie de sa clause libératoire madrilène, soit 1,8 des 2,5 millions d'euros. Mais l'Ours, fait roi pendant les JO de Paris, croit en son destin comme en cette nouvelle danse américaine.

Isaïa Cordinier et Mathias Lessort

La revanche de l'Euroligue

L'arrière de la Virtus Bologne et le pivot du Panathinaïkos, déchaînés, ont impressionné la planète basket. Rappelant que la NBA n'a pas le monopole des stars ou du jeu...

En zone mixte, alors que les journalistes américains lui demandent de commenter le niveau de l'équipe de France, qualifiée en ce 8 août pour sa deuxième finale olympique de rang, Evan Fournier pointe deux joueurs du doigt. « Les deux mecs là-bas, ils ne sont pas en NBA. Et pourtant, *"those motherfuckas"*, image l'arrière, sont nos meilleurs joueurs lors des deux derniers matches. La FIBA, c'est différent. » Dans son viseur : Isaïa Cordinier (1,96 m, 27 ans) et Mathias Lessort (2,06 m, 29 ans).
L'Amérique les connaît à peine – même si tous deux furent draftés en NBA. Toute l'Europe, elle, sait leur valeur. Le premier sort d'une brillante saison à la Virtus Bologne, le second a terminé champion et dans l'équipe-type de l'Euroligue avec le Panathinaïkos après avoir fait du petit bois de tous les intérieurs du continent. Leurs performances majeures lors des deux premiers matches couperets ont sonné comme des victoires symboliques de l'Euroligue. Deux belles revanches, aussi. « On n'est pas

« Isaïa… Je ne sais pas comment on prononce son nom, mais il joue un basket incroyable ! »

Kevin Durant

Isaïa Cordinier (à gauche) et Mathias Lessort se sont révélés dans les matches éliminatoires.

en NBA, on est en FIBA, le jeu ressemble plus à ce côté de l'Atlantique », a rappelé le sélectionneur Vincent Collet. Aux Jeux de Tokyo, Cordinier, arrivé au Japon comme suppléant en cas de blessure, avait pris l'avion du retour quand les autres rejoignaient le village olympique. Encore dernier coupé avant l'Euro 2022 puis appelé sur le fil au Mondial 2023 après le forfait de Frank Ntilikina, il n'avait jamais bronché. C'est lui, si exemplaire, mais en difficulté en début de phase de poules, qui sonna la révolte aux JO. Lors de la débâcle lilloise contre l'Allemagne (71-85), l'arrière a poussé à fond la pédale d'accélération (10 points) en fin de match. Libéré. Avant de continuer à Bercy face au Canada (20 points) puis l'Allemagne (16 points). « Il est possédé ! » lancera Collet au sujet de son joueur, qui se révèle alors aux yeux du monde. Y compris ceux de Kevin Durant qui, commentant la métamorphose bleue, déclare : « Il y a Isaïa… je ne sais pas comment on prononce son nom de famille… qui a été lancé et joue un basket incroyable ! »

Lessort avait également rongé son frein chez les Bleus par le passé, présent de justesse à la Coupe du monde 2023 après avoir manqué la préparation à cause d'une blessure à la cheville. Aux Jeux, le pivot s'est montré dans la lignée de ses dernières campagnes d'Euroligue : dominant. Guerrier. Bestial. Un pivot chez qui a longtemps été stigmatisé le manque de centimètres au lieu de souligner son agressivité unique et maximale. Les Canadiens peuvent en attester : le Français n'a eu besoin que de 19 minutes pour inscrire 13 points et provoquer… 11 fautes ! « Il les a martyrisés », applaudissait Collet. En demi-finale, les Allemands subissent aussi le passage de la tornade (10 points, 4 rebonds, 5 fautes provoquées en 16 minutes). « Ça vous surprend ? » questionnait Albicy, sourire aux lèvres, en référence à la domination du duo Yabusele-Lessort. « Moi, je les vois démonter tout le monde toute l'année. » En Euroligue. À qui les Français ont offert une sacrée promotion.

Un air de famille

Un truc de « Barjot »

Dans la famille Cordinier, il y a le père, Stéphane. Un « Barjot », surnom des Bleus du handball des années 1990. C'est de lui qu'Isaïa tient son éthique de travail et son sens aigu du professionnalisme. C'est donc aussi pour lui, qui a terminé au pied du podium olympique à Atlanta en 1996, qu'il voulait ramener une médaille des Jeux. « J'ai vu mon père après les poules. On s'est regardés et on s'est dit : 4e place interdite, il faut une médaille chez les Cordinier ! » racontait l'arrière après la qualification en finale, qui lui assurait une breloque.

Wemby comme Kobe

Il prend la pose les yeux fermés. Le nez et le front de Victor Wembanyama, maillot bleu sur les épaules, reposent sur le cuir du ballon des JO, où sont ancrés les anneaux olympiques. À quelques jours du coup d'envoi des JO, l'intérieur des Bleus s'est prêté au jeu de la séance photos pour la Une de *L'Équipe* du 25 juillet, entre l'entraînement du soir et le dîner d'équipe de la France. La composition du cliché du photographe Alexis Réau, réalisé à l'aide de plusieurs éclairages sur un pan de mur à la peinture craquelée bleutée d'un bâtiment du CREPS de Wattignies, n'avait rien d'un hasard. La pose est inspirée d'un portrait iconique en noir et blanc du regretté Kobe Bryant pour le magazine *Highsnobiety*. Wembanyama est un inconditionnel de l'ancien arrière des Los Angeles Lakers, deux fois sacré aux JO, en 2008 et 2012, avec Team USA.

Wembanyama, premier contact

« L'Alien » a vécu sa première expérience internationale. Des JO contrastés mais un abattage qui en fait déjà l'incontournable leader du futur des Bleus.

Mauvais souvenir

2021, la cicatrice

Dans la jeune carrière de Wembanyama sous le maillot bleu, 2024 marque sa troisième finale perdue, après l'Euro U16 2019 (Espagne) et la Coupe du Monde U19 en 2021... déjà face aux États-Unis. Wemby, qui évoluait avec Matthew Strazel, avait dominé Chet Holmgren (22 points, 8 rebonds, 8 contres pour le Français, 10 points pour l'Américain), mais sa sortie pour cinq fautes dans les dernières minutes s'était révélée fatale aux Bleus (91-95). Un crève-cœur. Un match qu'il dit avoir ressassé, chaque jour, pendant toute l'année qui a suivi.

Pour sa première avec les seniors, Victor Wembanyama a connu des périodes difficiles, tout en pesant dans des moments importants, comme quand il a écrasé un dunk sur l'Allemand Daniel Theis en demi-finale.

Les aliens peuvent donc pleurer. Des larmes irrépressibles ont envahi le visage de Victor Wembanyama. Une première fois après la demi-finale contre l'Allemagne. Puis quand il a fallu, avant de s'enfoncer dans les couloirs de Bercy, saluer le public parisien une dernière fois après la défaite finale contre les États-Unis (87-98). L'intérieur des Bleus sortait de son meilleur match, venait d'enquiller 26 points (11/19, 7 rebonds), et avait entretenu la lueur bleue à moins de trois minutes du buzzer d'une claquette dunk ramenant les siens à -3 (79-82). Insuffisant alors que Stephen Curry allait enchaîner quatre flèches aussi lointaines que vénéneuses. Plus tôt, le lutin américain avait titillé la stratosphère sur un autre tir arc-en-ciel malgré un « Wemby » en pleine extension. En vain.

« La médaille d'or, ce n'est pas de la science-fiction », avait annoncé le natif du Chesnay dans une interview à *L'Équipe*, à trois jours de l'entrée en Jeux des Bleus. Contre tous les avis extérieurs, il avait eu raison. Il regagnait le vestiaire mâchoire serrée, la main recroquevillée sur l'argent strié de sa première médaille avec les seniors, oscillant entre la fierté et la souffrance du compétiteur à qui l'on a arraché son rêve. Les yeux embués, en zone mixte, il décrivait « un petit déchirement ». « Ce que j'ai ressenti, c'était de la tristesse, tout simplement. Je comprends la grandeur de ce qu'on a accompli, ce qu'on a surmonté ensemble. Ce n'est pas donné à tout le monde. Il faut apprendre, grandir et faire confiance à la nouvelle génération. Ce pays produit des diamants. On doit continuer à être des chiens, à imposer notre volonté. Chaque fois qu'on a été nous-mêmes, personne n'a pu nous arrêter. »

Pour sa première compétition avec l'équipe seniors – il avait déclaré forfait à la Coupe du monde 2023 –, comme dans toutes les équipes où il s'est installé par le passé, le jeu s'est peu à peu mis à graviter autour de l'unanime rookie de l'année en NBA. Le bilan statistique, même s'il masque un tournoi plus contrasté, est étourdissant, puisque Wembanyama a terminé meilleur marqueur (15,8), rebondeur (9,7), passeur (3,3), intercepteur (2,0), contreur (1,7) des siens, été désigné meilleur jeune et placé dans le cinq référence. L'effectif bleu, déjà, avait été bâti en fonction des attentes énormes placées en lui.

« Victor est déjà fort. Il le sera encore bien plus dans les années à venir. Il n'a que vingt ans », rappelait son entraîneur Vincent Collet après la finale.

Car oui, Wembanyama reste en apprentissage. Et malgré son statut, son potentiel et ses coups d'éclat, le premier contact avec le jeu FIBA – ses espaces plus réduits, son jeu plus physique, moins sifflé – fut rude. Il y eut la leçon donnée par Nikola Jokic en préparation (défaite contre la Serbie), l'échec de l'expérience des tours jumelles avec Rudy Gobert. Et une première partie de tournoi paradoxale. Wembanyama empilait les chiffres flatteurs mais sa production, son positionnement – trop souvent dans les zones extérieures – et ses initiatives semblaient parfois empêcher les autres, notamment les arrières, de trouver leurs zones préférentielles.

C'est que le bouleversement dans le jeu et les équilibres induit par l'arrivée d'un joueur de l'envergure de Wembanyama n'avait rien d'une évidence. Ni pour le pivot lui-même, ni pour ses nouveaux coéquipiers.

Omniprésent

1

Aux Jeux olympiques, il a terminé numéro 1 des Bleus aux points (15,8), rebonds (9,7), passes (3,3), interceptions (2,0), contres (1,7) et à l'évaluation (20,8).

« Les gens pensent qu'il est déjà Michael Jordan. »

Vincent Collet au sujet de Wembanyama

L'intérieur des Spurs a réalisé sa meilleure performance offensive en finale contre les États-Unis avec 26 points.

L'entame contre le Brésil a rassuré en ce sens. Un premier match réussi (19 points, 9 rebonds, 2 passes, 4 interceptions, 3 contres), marqué aussi par un fait inhabituel. « Pour la première fois de sa carrière, il a semblé stressé, racontait Collet. On a essayé de l'aider. Victor, tout le monde l'attend. Les gens qui connaissent le basket comprennent qu'il est jeune. Ceux qui ne savent pas pensent qu'il est déjà Michael Jordan. Mais ces choses-là prennent du temps. » Relancé par un journaliste US qui lui demandait si Wemby marchait sur les traces de l'icône des Bulls, Collet lançait sous forme de boutade : « Il n'en est pas si loin. »

Contre le Japon, malgré une nouvelle ligne impressionnante (18 points, 11 rebonds, 6 passes), un impact et un investissement en défense jamais démentis sur le tournoi, la lumière s'est éteinte au retour des vestiaires (0 point en deuxième mi-temps). Un trou d'air qui aurait pu coûter cher. Wembanyama a ensuite forcé la décision dans le temps supplémentaire.

Son premier vrai test, en conclusion de la phase de poules contre l'Allemagne (71-85), l'a mis à rude épreuve. Il a subi la loi de Daniel Theis, bousculé hors de la raquette, abusant du tir longue distance (3/7) – comme souvent sur la quinzaine –, à l'image d'un airball dans le corner, ou du step-back. « Il a trop arrêté le ballon, et contre ce genre d'équipe, on ne peut pas jouer de cette façon », soulignait Vincent Collet. Dont le choix de repousser Rudy Gobert sur le banc pour repositionner Wembanyama au poste 5 a ramené la lumière. Comme à San Antonio, où son rapprochement du cercle a coïncidé avec la montée en puissance des Spurs.

Lors des deux premiers matches couperets, les chiffres du pivot ont décliné dans le scoring (7 puis 11 points à 6/27 au tir, 1/14 à 3 points en quart et demie cumulés), tandis que son impact, lui, semblait gonfler de manière exponentielle. Dominateur en défense et dans la distribution, progressant de possession en possession, auteur de 19 rebonds, 9 passes et 4 blocks dans les deux matches les plus importants des Jeux, il a pris une revanche éclatante contre l'Allemagne. Décisif en défense dans le money-time, il a provoqué une perte de balle capitale, infligé un contre monumental à Dennis Schröder, inscrit un tir à 3 points clutch, et écrasé un dunk vengeur sur Theis. Son maillot en finissait rougi. « Je lui ai dit : "On s'en fout de l'attaque !" Mais il faut être le plus grand monstre qu'on ait jamais vu, de l'autre côté. Et il l'a fait contre le Canada et l'Allemagne », saluait Nicolas Batum. « On est prêt à saigner sur le parquet. Si ça peut nous aider à gagner l'or, prenez tout mon sang », ajoutait Wemby après coup. Avant de se reprendre. « Enfin, peut-être juste la moitié *(rire)*. »

Son mojo retrouvé à l'orée de la finale, face à la défense plus permissive des Américains, il a pu jouer libéré. Insuffisant pour gagner, assez pour prendre date. « Ce qui nous a manqué ? Un soupçon d'expérience, concluait l'ancien Nanterrien. Je suis en train d'apprendre, et je suis inquiet, d'ici à quelques années, pour mes adversaires. » « En FIBA ou en NBA ? » le relance-t-on. La réponse de l'intéressé fuse : « Partout. »

Faux jumeaux

Leur duo était un fantasme. Il l'est resté. Pour permettre à Victor Wembanyama et aux Bleus de mieux s'exprimer, Rudy Gobert a été relégué sur le banc.

« On doit trouver une bonne manière de les faire jouer ensemble. Ce n'est pas facile, on y travaille quotidiennement. »
Vincent Collet

Les 2,16 m de Rudy Gobert avec les 2,24 m de Victor Wembanyama, respectivement 1er et 2e à l'élection du défenseur de l'année en NBA : ce paratonnerre long de 4,40 m promettait de rendre la raquette bleue infranchissable. Deux tours jumelles, un fantasme. « Je ne vais pas tout vous dire, mais cette association m'a fait beaucoup réfléchir », salivait Vincent Collet au printemps.
Rapidement, les premiers doutes sont apparus quant à leur complémentarité, notamment en attaque. Gobert peu dangereux, les adversaires pouvaient se concentrer sur Wembanyama, et tout le jeu tricolore apparaissait grippé. « On doit trouver une bonne manière de les faire jouer ensemble. Ce n'est pas facile, on y travaille quotidiennement », disait Collet après le match d'ouverture des Jeux face au Brésil. Avant de changer son fusil d'épaule à l'arrivée à Bercy : face au Canada, Gobert – qui en plus s'était blessé au doigt à l'entraînement – démarre sur le banc, au profit de Guerschon Yabusele. Un changement qui amène une bouffée d'air à Wemby et à toute l'attaque bleue. Le quadruple meilleur défenseur NBA est limité à 4 minutes, puis 9 face à l'Allemagne en demie. Deux copies à 0 point. En finale, malgré un adversaire américain lui correspondant plus, il doit se contenter de 12 minutes (2 points, 3 rebonds). « Le changement de composition a transfiguré l'équipe, parce qu'on avait du mal à jouer avec les deux grands », reconnaît Collet.
Dix ans après sa première médaille (bronze à la Coupe du monde 2014), celle de sa révélation, Gobert quitte Paris avec une sixième breloque, mais celle-ci sonne comme un déclassement. Qui laisse un flou, à 32 ans, sur son avenir en sélection.

De Colo – Batum, ultime révérence

Deux légendes de l'équipe de France, le doyen Nando De Colo et le capitaine Nicolas Batum, ont rangé les baskets après les Jeux de Paris.

Breloques

Les basketteurs français les plus médaillés

1. Nicolas Batum : 7 (argent Euro 2011, or Euro 2013, bronze Mondial 2014, bronze Euro 2015, bronze Mondial 2019, argent JO 2021, argent JO 2024).

2. Nando De Colo : 6 (argent Euro 2011, or Euro 2013, bronze Euro 2015, bronze Mondial 2019, argent JO 2021, argent JO 2024). (Evan Fournier et Rudy Gobert comptent aussi 6 médailles.)

Nando De Colo, l'adieu aux larmes

L'émotion est montée d'un coup. La détresse et les larmes ont saisi le visage de Nando De Colo. Le buzzer n'était pas simplement celui de sa deuxième finale olympique. Il a marqué la fin d'une carrière internationale légendaire, saluée sur le parquet par les longues accolades de ses coéquipiers. Celle d'Evan Fournier – avec qui il fut le leader offensif d'un groupe qui s'est affranchi de la génération Parker avec brio, surprenant son monde depuis 2019 (bronze à la Coupe du monde en Chine, argent olympique 2021 et européen 2022) – dura un long moment. À trente-sept ans, alors que tout le monde craignait la compétition de trop pour l'enfant de Sainte-Catherine, désormais nanti de six breloques dont l'or européen 2013, l'arrière est sorti par la grande porte. Au terme d'un tournoi difficile, Vincent Collet a relancé l'un de ses hommes liges. Il a livré en finale sa plus belle bataille de la quinzaine, ramenant les Bleus à un souffle des Avengers à 130 secondes du gong (81-87). Son dernier tir ? Un shoot à reculons après crossover sur Stephen Curry. On rêverait pire pour tirer sa révérence. De Colo a terminé avec 12 points et 3 passes en 18 minutes, qui ne font qu'effleurer l'aura et l'influence du doyen des Bleus, l'un des meilleurs joueurs de l'histoire du basket européen, double vainqueur de l'Euroligue (2016 et 2019).

« C'était ma dernière, alors beaucoup de choses remontent, glissait-il à la sortie. Il fallait savourer cette dernière remise des médailles. Je suis là depuis 2008. J'ai sacrifié tous mes étés (il n'a manqué que le Mondial 2014 – blessé – et l'Euro 2022 – choix du coach) pour le maillot national et j'en suis fier. Je ne changerais cela pour rien au monde. Je n'aurais pas pu imaginer ma carrière sans l'équipe de France. » Ni l'équipe de France sans Nando De Colo.

Les stats

35

Le record de points de Nicolas Batum avec les Bleus, en demie du Mondial 2014 face à la Serbie.

28

Le record de points de Nando De Colo avec les Bleus, face à la Belgique, le 3 septembre 2008 en qualifications pour l'Euro.

12

Les deux joueurs ont chacun disputé 12 phases finales en équipe de France.

« Batman », dernière cape

Au-dessus du logo Jordan, quelques gouttes de sang orneront à jamais le maillot de la 177e sélection de Nicolas Batum en équipe de France. Une arcade ouverte par Anthony Davis au bout de la finale olympique. L'ailier des Bleus (2,03 m, 35 ans) a confirmé sa retraite internationale à l'issue des Jeux 2024. « Je pensais être plus ému mais je suis bien dans ma décision. J'ai adoré porter ce maillot : depuis les U16 2004, j'aurai fait vingt ans avec les Bleus. C'est une fierté. Finir ainsi à Paris, c'était la plus belle sortie », disait l'ex-capitaine, lancé en 2009 par Vincent Collet, qui l'avait eu comme pupille au Mans.

« Batman » a rangé sa dernière cape au bout de la compétition qui le faisait rêver enfant, depuis cette cérémonie d'ouverture des Jeux 1996 à Atlanta, regardée au milieu de la nuit avec son oncle. « Je découvre Scottie Pippen et je deviens fan de NBA grâce aux JO, pas l'inverse », rappelait-il dans *L'Équipe* en 2021 pendant les Jeux de Tokyo. Avant l'argent de sueur et de sang conquis à Paris, le natif de Lisieux avait mesuré, déjà, la résonance des Jeux, lorsque son contre sur Klemen Prepelic au bout de la demi-finale nippone entre France et Slovénie (90-89) l'avait propulsé au rang de héros national. « Quinze ans de NBA ne m'ont jamais apporté cette notoriété. "Merci pour le contre", je l'entends souvent », s'amusait Batum en 2023.

Cette action puis ses JO 2024 de combattant, en avant-garde de la défense sur Dennis Schröder en demi-finale, ont scellé sa réconciliation avec l'épreuve après des débuts chaotiques (défaites contre l'Espagne en quarts 2012 et 2016). Champion d'Europe 2013, Batum avait assumé le rôle de relais dévoué aux tâches de l'ombre entre la génération Parker-Diaw, le duo Fournier-Gobert puis la nouvelle vague incarnée par Victor Wembanyama. « C'est la grande énigme depuis quinze ans. Est-ce que je dois marquer plus pour aider l'équipe ? » glissait-il en début de tournoi olympique après ses 19 points contre le Brésil. Le débat a disparu derrière son palmarès record.

Top 5

Les meilleurs marqueurs français aux JO

1. Jean-Paul Beugnot (1952-1960) – 261
2. **Nando De Colo (2012-2024) – 229**
3. **Nicolas Batum (2012-2024) – 227**
4. Henri Grange (1956-1960) – 202
5. Evan Fournier (2021-2024) – 171

Vincent Collet

Une empreinte indélébile

Quinze ans après son arrivée, le sélectionneur au mandat le plus long et le plus fructueux de l'histoire (huit médailles) laisse la place.

Il avait rattrapé au vol des Bleus au bord du précipice, il y a quinze ans, menacés de plonger dans l'incertaine deuxième division européenne. Il les quitte aujourd'hui au sommet de la hiérarchie mondiale, le cou≈engourdi par huit médailles internationales, dont un titre européen (2013) et deux argents olympiques, lors des deux derniers JO. L'ultime conquête – pas la moindre – de Vincent Collet s'est faite à Paris à l'été 2024, lors de JO parmi les plus relevés de l'histoire, malgré une équipe de France entre deux mondes, en transition.
Le Normand de 61 ans, l'enfant de Montivilliers (Seine-Maritime), natif d'une commune au nom prémonitoire – Sainte-Adresse – a, assez logiquement, montré la bonne direction à l'équipe de France, et souvent eu raison contre le GPS déréglé de bon nombre d'observateurs, qui en avaient fait une cible de choix dès que les Bleus dérapaient, notamment après le crash de Djakarta (18e au Mondial), ou lors d'un début d'été 2024 compliqué.

Recordman

8

Le nombre de médailles récoltées pour le basket français – sur 16 dans toute son histoire – par Vincent Collet en 15 ans et 14 phases finales disputées depuis 2009.
Euro 2011 : Argent
Euro 2013 : Or
Coupe du monde 2014 : Bronze
Euro 2015 : Bronze
Coupe du monde 2019 : Bronze
JO 2021 : Argent
Euro 2022 : Argent
JO 2024 : Argent

253

Le nombre de matches dirigés par le sélectionneur au mandat le plus long avec les Bleus, en 15 ans, pour un bilan de 179 victoires et 74 défaites. Ce qui en fait le recordman des matches coachés et gagnés. Il a perdu quatre finales disputées (deux contre les USA aux JO, deux contre l'Espagne à l'Euro) sur cinq, mais décroché le seul titre du basket français, à l'Euro 2013.

Collet a su galvaniser ses joueurs dans les moments-clés.

Sa décision de monter une escouade austère et très défensive, vertement critiquée, a été couronnée de succès, tout comme ses choix forts à l'orée des matches couperets de Paris. Rappelant à quel point le tacticien, souvent pointé du doigt pour un supposé manque de charisme, et même s'il s'est parfois trompé, a souvent su tirer la quintessence de ses groupes. À l'image de son chef-d'œuvre, le bronze mondial à la Coupe du monde 2014 avec une équipe jeune amputée de Tony Parker et Nando De Colo. « On n'aurait jamais dû monter sur le podium », dira Evan Fournier. À Paris, Nicolas Batum, l'un de ses pupilles au Mans (où Collet a été champion comme joueur en 1982 et comme coach en 2006) et hommes liges en sélection, a salué la métamorphose de l'entraîneur également sacré avec l'Asvel en 2009. « Son discours avant le quart de finale contre le Canada est l'un des meilleurs que j'aie entendus. C'était le Collet game. » Evan Fournier a salué, en amont de la finale, « deux master class » de son entraîneur. Le coach a lui identifié cette ultime rencontre comme « le plus grand moment de ma carrière avec l'équipe de France ». « Cela n'a rien à voir avec Tokyo, où on était seuls, coupés du monde à cause de la pandémie. Là, le partager à domicile, avec 15000 spectateurs qui avaient le même rêve, c'est unique. Peut-être même devant la finale de l'Euro 2013. » Si celui qui a accompagné plusieurs générations de joueurs de premier plan, de Tony Parker à Victor Wembanyama, et porté la France au sommet de la hiérarchie mondiale après des décennies de vaches maigres, se serait bien vu continuer, la Fédération, dont le président Jean-Pierre Siutat passe lui-même la main en fin d'année, a donc fait lechoix du renouvellement, avec la perspective des JO de Los Angeles 2028. Informé deux semaines après la finale contre les États-Unis, Vincent Collet conservera des fonctions à la FFBB, auprès des nouvelles générations d'entraîneurs et de jeunes. La tâche de son successeur sera immense. Son empreinte, elle, est déjà indélébile.

À quelques centimètres de l'exploit du siècle

En finale, face à une équipe américaine invaincue aux JO depuis 1992, les Bleues ont livré un combat héroïque, frôlant l'impossible (66-67).

Palmarès

3 L'équipe de France féminine, grâce à sa quatrième demi-finale olympique consécutive, a remporté à Paris sa troisième médaille, après l'argent, déjà, en 2012 (Londres), et le bronze en 2021 (Tokyo).

La stat

32 C'était le 5 août 1992, il y a trente-deux ans : la dernière défaite des États-Unis dans un tournoi olympique féminin. À Barcelone, les Américaines s'étaient inclinées (73-79) en demi-finale face à l'équipe unifiée (ex-Union soviétique).

La déchirante déception de Gabby Williams quand elle comprend, après le buzzer, que son dernier tir valait seulement deux points, privant les Bleues d'une prolongation en finale.

Une action, la dernière, pour écrire l'histoire. Sur la remise en jeu, alors que les Bleues accusent trois longueurs de retard (64-67), Valériane Ayayi transmet la balle à Marine Johannès. Celle-ci s'élance, côté gauche, avant de passer à Gabby Williams qui lui faisait un appel, bras levé, côté droit. L'ailière saute pour réceptionner le ballon, enclenche le tir dans la foulée, au-dessus de Breanna Stewart. Le buzzer sonne juste avant que le filet ne soit transpercé. Instant suspendu. Au premier rang, LeBron James fait signe que c'est terminé. Stewart montre la ligne à trois points pour indiquer que Williams l'a mordue. Devant le banc français, Alexia Chartereau brandit les bras, faisant un 3 avec ses doigts. Sur *France 2*, près de dix millions de téléspectateurs retiennent leur souffle. La France a-t-elle arraché la prolongation ?
Au centre de Bercy, une femme connaît déjà la réponse. À peine le panier inscrit, Gabby Williams (19 points, 7 rebonds) se prend la tête dans les mains. Les larmes affluent. « C'est un deux… », murmure-t-elle. Elle lève le regard au ciel, en direction de l'écran géant, mais elle sait déjà ce qu'elle va y voir : son pied gauche qui déborde la ligne, et entérine le résultat final : 66-67. Pour un point et quelques centimètres, le rêve est passé.

Une nouvelle génération décomplexée

Pendant quarante minutes, les Bleues ont poussé le monde du basket à croire en ce qui paraissait impossible : faire tomber la sélection américaine qui, en route pour son huitième sacre olympique de rang, se présentait en finale forte d'une hallucinante série de 60 victoires aux JO – sa dernière défaite remontant à 1992. « Il faut y croire contre Team USA, on ne peut pas entrer dans le match et se dire qu'il faudra un miracle », appelait Williams avant la rencontre. Un discours illustrant l'état d'esprit des Françaises – qui, entre elles, tout au long de l'été, s'étaient convaincues qu'elles pouvaient décrocher l'or –, et de la mentalité des nouvelles générations, décomplexées au moment de défier Team USA.
« Les Américaines sont des joueuses comme les autres, elles ont des points forts, des points faibles. Il ne faut pas les mettre sur un piédestal, il faut qu'on les joue les yeux dans les yeux », martelait Iliana Rupert (23 ans), symbole de ce basket mondialisé : pourquoi aurait-elle peur des États-Unis, elle qui évolue en WNBA ? Quant à Leïla Lacan (20 ans), néo-draftée de la ligue américaine, elle confiait avoir rêvé, enfant, non pas d'une finale face aux États-Unis, « mais d'être championne

olympique ». Tout simplement. Et d'ajouter, deux jours avant la finale : « Il va falloir y aller à fond. »
En ce 11 août, elle a crânement inscrit 7 points en 16 minutes. À la mène, le talent et le culot furent aussi ceux de Marine Fauthoux (23 ans), 8 points dont un tir quasiment déclenché au milieu du terrain au deuxième quart. La première mi-temps s'est terminée sur un score de parité si petit qu'il ramenait un demi-siècle en arrière : 25-25. Les VIP de Bercy voulaient du spectacle ? Ils en ont eu un, splendide, en défense. Une forêt de barbelés, un sommet de dureté, un hymne à la combativité. La défense bleue a tenu Team USA, qui tournait à 90 points de moyenne dans le tournoi, à 34 % au tir sur le match. « Quand on a pris de l'avance dans le troisième quart-temps (35-25), j'ai vu qu'elles ont eu un peu peur », décrit Fauthoux. Las, les Américaines ont recollé, transformant la finale en un mano-a-mano irrespirable, où l'abattage d'A'ja Wilson (21 points, 13 rebonds) et le sérieux aux lancers (27/34) ont permis aux Américaines de passer en tête, quand les Bleues manquaient la cible à 3 points (7/36). « Contre elles, on doit faire le match parfait. Et par séquences, on n'a pas été à notre meilleur niveau », résumait Marine Johannès.
En 2012, lors de la finale à Londres, les Bleues n'avaient pas existé face à Team USA (50-86). À Paris, elles ont effectué un pas de géant, proches de faire tomber l'ultime frontière. Réaction de Gabby Williams : « Tout le monde va parler de ce match pendant des années. » Celui qui a montré qu'un autre monde était possible.

Marème Badiane, héroïque, n'a pas pu totalement limiter A'ja Wilson, auteure d'un chantier pour les Américaines.

> **« Tout le monde va parler de ce match pendant des années. »**
>
> **Gabby Williams**

Arbitrage

Des erreurs, un problème

L'avantage de jouer à domicile n'a pas existé pour les Bleues durant la finale. Plusieurs coups de sifflet laissent matière à débat, certains pouvant même être qualifiés d'erreurs grossières. Notamment dans les derniers instants, une remise en jeu qui aurait dû revenir aux Françaises, et quelques minutes plus tôt, une faute – non sifflée – à la limite de l'infraction flagrante sur la tête et le bras de Marine Johannès partie déposer la balle au panier. Conséquences : pas de lancers pour les Françaises et un 3 points américain de l'autre côté. Ces exemples rappellent qu'en raison du différend opposant FIBA et Euroligue depuis des années, les officiels de l'épreuve la plus relevée en Europe sont privés de compétitions FIBA. Dit plus simplement : les meilleurs tournois internationaux ne sont pas arbitrés par les meilleurs arbitres.

Jean-Aimé Toupane

La revanche du mal-aimé

Critiqué depuis sa nomination en 2021, le sélectionneur a maintenu le cap, et la réussite olympique porte son sceau.

La phrase dit beaucoup de l'homme. Au soir de la qualification en finale, quand il fut rapporté à Jean-Aimé Toupane les propos de sa capitaine, Sarah Michel Boury, en son honneur – « On est très fières, parce qu'il a été malmené un bon moment, et c'est une bonne personne » –, le sélectionneur eut cette réponse : « Je préfère qu'on me malmène et qu'on foute la paix à mes joueuses. »
Son procès en légitimité a démarré dès sa nomination, en 2021. En cause, un parcours de coach émaillé d'échecs, et surtout l'inexpérience totale du basket féminin de celui qui dirigeait jusqu'alors les jeunes du Pôle France en N1. Les débuts ratés (71-90 contre l'Ukraine en 2021, 70-103 face à la Chine en 2022) n'ont fait qu'amplifier les railleries. Tout comme le bronze à l'Euro 2023 malgré l'objectif affiché de décrocher l'or, après cinq finales continentales perdues de rang.
« Il faut du temps pour faire les choses bien, plaidait Gabby Williams au cœur des JO. Avec un peu de temps, on a enfin compris ce qu'il veut. » Un cap a été franchi au TQO de février 2024, qui marquait les retours de Williams et Johannès, absentes du dernier Euro. En Chine, une équipe est née. Toupane a bâti un groupe de 12 avec hiérarchie mais sans statut. Sa méthode ? « Ce n'est pas distribuer des points à tout le monde. Tu rentres, et si tu es efficace, tu restes. » Iliana Rupert, scotchée sur le banc contre le Canada, eut droit à 31 minutes en demi-finale.
« Chapeau à Aimé pour ce qu'il a fait cet été », saluera Williams en conférence de presse d'après-finale. Juste à ses côtés, l'intéressé s'empresse d'intervenir : « J'ai surtout la chance d'avoir des magnifiques joueuses. C'est facile pour un coach dans ma position. » Ainsi parle Jean-Aimé Toupane, qui a réussi son pari et gagné le droit de décider de son avenir à la tête d'une sélection qu'il a remise à sa place. À un souffle des toutes-puissantes Américaines.

Sa méthode

Gruda, le choc

Avec Toupane, nulle compromission. Le groupe, rien que le groupe, toujours le groupe. En 2023, Marine Johannès ne répondant pas à la règle fédérale selon laquelle les joueuses doivent participer à l'entièreté de la préparation, il décide de se priver de son arrière superstar à cause d'un simple aller-retour de quelques jours en WNBA. En 2024, il ose ne pas sélectionner l'emblématique Sandrine Gruda, meilleure marqueuse de l'histoire des Bleues qui rêvait de finir sa carrière aux JO. « Pas été une décision facile. Mais j'ai fait les choix sur la performance, pas l'individu. Pour construire une équipe avec la meilleure alchimie possible. »

Gabby la magnifique

Élue meilleure défenseure et dans l'équipe-type du tournoi, l'ailière s'est affirmée en leader des Bleues. Sur le parquet comme dans l'état d'esprit.

La phrase

Vive le Frenglish !

En plein tournoi, alors que des internautes s'étonnaient de voir la native de Sparks, Nevada, sous le maillot bleu, la Franco-Américaine leur a répondu sur son compte X dans un message mélangeant à dessein ses deux langues. « Hello encore une fois I have to explain. Ma mère est Française and my dad is American. I have a double nationality, et je parle les deux langues. »

Sur le banc français, en plein match face au Canada, une phrase est prononcée : « On essaie de jouer autre chose que pour Gabby, elle va se fatiguer… » Les Bleues entament leur tournoi, et Gabby Williams (1,80 m, 27 ans) court aux quatre coins du terrain (12 points, 8 passes). « Elle a l'air fatiguée ? » sourit Leïla Lacan face aux médias. Question rhétorique. Le match suivant, l'ailière ne ralentit pas. Mieux, elle accélère, à en écœurer le Nigeria (14 points, 5 rebonds, 7 passes, 6 interceptions). Un mot revient dans la bouche de toutes ses coéquipières : partout. « Elle noircit la feuille de stats partout ! » applaudit Marième Badiane. Dominique Malonga livre un résumé en trois mots : « Elle nous porte. »
Absente de l'Euro 2023 (protocole commotion), Williams, dès son retour dans le groupe lors du TQO en Chine en février 2024, s'est replacée au centre du dispositif de Toupane. Une leader d'une polyvalence resplendissante (15,5 points, 4,7 rebonds, 4,8 passes, 2,8 interceptions aux Jeux), héritage de sa formation américaine, quand ses coaches l'appelaient « point forward » pour sa capacité à remonter la balle comme une meneuse, dévaler le terrain comme une ailière ou tenir le choc en défense face à des intérieures en double mètre.
Son leadership s'est diffusé jusque dans les esprits. La double championne NCAA (148 victoires en 151 matches durant ses quatre années dans l'illustre fac de UConn) et vainqueure de l'Euroligue (Sopron 2022) s'était donné une mission : « Changer la culture en France. Que l'on n'accepte pas la défaite. Il fallait gagner chaque match, chaque entraînement, chaque jour. »

« Je m'attendais à ce que les gens en France soient en colère après moi pour avoir mordu la ligne. Mais ils m'ont tous remerciée. »

Gabby Williams

Elle a montré l'exemple au quotidien. Encore en demi-finale, quand elle a pris l'équipe sur ses épaules en prolongation, y inscrivant 9 de ses 18 points. « Je peux respirer… Tout ce qu'on a donné cet été, ce n'était pas pour rien », soufflait-elle dans la foulée, se projetant sur la prochaine échéance : Team USA. Forcément un défi particulier pour la Franco-Américaine. « C'est un rêve qui se réalise. J'ai beaucoup sacrifié pour ce moment, je suis contente de l'avoir », disait celle qui a manqué la première partie de la saison WNBA pour participer aux Jeux. Celle encore qui, à chaque *Marseillaise*, voyait ses yeux s'embuer d'émotion.
En finale, elle a jeté tout ce qu'elle avait dans la bataille (19 points, 7 rebonds, 3 interceptions). Son ultime panier, à 2 points, la fit vaciller. Choquée, déçue, abattue. Pour la consoler, les mots de ses coéquipières… et ceux d'anonymes, par milliers, comme elle le révéla à son retour en WNBA, à Seattle : « Je m'attendais à ce que les gens en France soient un peu en colère après moi pour avoir mordu sur la ligne. Mais chaque personne qui est venue me voir, chaque message, me remerciait de ce match, de les avoir fait vibrer. »

Gabby Williams, transfuge de la prestigieuse fac de Uconn, qui enserre ici Sarah Michel Boury, a tout fait pour les Bleues aux JO.

Un quintette en harmonie

En dehors de Gabby Williams, MVP des Bleues et basketteuse française de l'année, cinq autres joueuses (au moins) ont marqué le tournoi olympique.

Marine Fauthoux, la pile survoltée

Maladroite toute la quinzaine (4,2 points, 23 %), Marine Fauthoux a pourtant joué un rôle important, tant dans le vestiaire et la dynamique de groupe que par ses inspirations électrisantes. En février 2024, elle n'espérait même plus être du voyage quand elle avait senti un « clac dans le dos » lors du TQO en Chine. Opérée, elle a fait son retour in extremis. Redevenue petit à petit la pile survoltée qui la rend unique, elle a gardé le meilleur pour la fin avec ses deux plus gros temps de jeu et productions en demie puis en finale. Auteure de 6 points, 3 rebonds, 4 passes en 29 minutes contre la Belgique, elle a retrouvé le cinq majeur en finale contre les USA, totalisant 8 points en 20 minutes et gratifiant l'assistance d'un tir de légende, quasiment du milieu du terrain en fin de première mi-temps, qui a embrasé Bercy et galvanisé les siennes.

Leïla Lacan, nouvelle école

La comète Lacan poursuit sa trajectoire météorique. La néo-meneuse de Basket Landes a tout, comme dans son nouveau club, pour être l'héritière de Céline Dumerc en équipe de France. À seulement 20 ans, elle a livré des JO bluffants et tenu un rôle précieux dans la rotation (15 minutes), hyperactive en défense et opportuniste en attaque, enrhumant Brittney Griner en finale (7 points) sur un panier capital avec la faute. Une témérité à l'image du parcours de la native de Rodez, transfuge du Pôle France, après deux saisons brillantes avec Angers. Retenue en 2023 dans le cinq référence de la Coupe du monde U19, 10e de la draft WNBA 2024, la voilà, et pour longtemps, dans le grand bain.

Marine Johannès, l'étincelle

Au ban de la sélection à l'Euro 2023, Marine Johannès a retrouvé sa place. Joueuse unique par sa capacité à prendre feu à tout moment, dans une fonction de joker offensif sur le banc, son jeu à haut risque (11,7 points en 21 minutes à 35 % au tir aux JO) aurait pu coûter cher en demie contre la Belgique, quand l'arrière du New York Liberty a vendangé comme rarement (6 points à 1/10, 4 balles perdues). Néanmoins essentielle par les décalages qu'elle provoque et l'attention qu'elle exige des défenses adverses, elle avait deux jours plus tôt, dans un grand soir, permis de passer l'obstacle allemand en quart sans encombre (24 points, 8/14, 5/10 à 3 points). À nouveau maladroite en finale (3/13), la future joueuse de Mersin (avec Marine Fauthoux et Iliana Rupert) a failli offrir aux siennes la victoire face aux USA sur un lay-up manqué car entaché d'une faute non sifflée.

Sarah Michel Boury, la der des der

« J'aurais aimé qu'on fasse l'extraordinaire », regrettait Sarah Michel Boury, qui n'a cessé de s'y atteler lors d'une carrière exemplaire (145 sélections), conclue par cette défaite crève-cœur. Qui mieux que la capitaine de Bourges, où elle évoluait depuis sept ans, qui compte à son palmarès six Coupes et trois titres de championne, pour incarner l'état d'esprit, l'intensité et la défense affichés par les Bleues aux JO ? La sortie de la numéro 10 native de Ris-Orangis, après la consécration d'un argent olympique – venant s'ajouter à cinq autres médailles internationales –, combattante de l'ombre et leader par l'exemple, n'en est que plus belle.

Marième Badiane, le roc

Après avoir quitté Lattes-Montpellier pour aller remporter l'Euroligue avec le Fenerbahçe de la superstar belge Emma Meesseman et de Valérie Garnier, l'intérieure s'est imposée comme la joueuse référence de Jean-Aimé Toupane dans la raquette. Deuxième temps de jeu des Bleues (26 minutes) derrière Gabby Williams, la Finistérienne de 29 ans, marquée lors de ses années INSEP par les JO de Londres 2012, a égalé les « Braqueuses » en décrochant l'argent olympique et justifié les attentes, assurant 7,2 points, 5,7 rebonds et 1,3 contre. Face aux USA, elle a offert une performance héroïque, laissant tout sur le parquet face à la superstar A'ja Wilson en défense, provoquant une balle perdue pour entretenir la lueur bleue à 59-62 (39e) et terminant avec 8 points, 6 rebonds, 3 passes et 1 seul ballon perdu en 30 minutes. Géant.

La Belgique, pas deux fois

Un an après avoir été matées par les Belges en demi-finale de l'Euro, les Bleues ont pris leur revanche à Paris, au même stade de la compétition. Le tournant de leur été.

Iliana Rupert (15 points, 7 rebonds contre la Belgique) exulte devant Becky Massey.

Les autres matches

Travail bien fait

Les Bleues ont débuté par deux démonstrations défensives achevées sur le même score (75-54), face au Canada puis au Nigeria. Avec un record olympique à la clé : seulement 2 points laissés au Canada lors du 2e quart-temps ! Pour conclure la phase de poules, face à une équipe australienne jouant sa survie, les Bleues, à l'inverse assurées de rallier les quarts, furent débordées (72-79). Ce revers aurait pu les pousser dans le tableau des Américaines dès la demie, mais le tirage au sort leur fut favorable. Enfin, en quart, elles ont su mater une sélection allemande en pleine ascension (84-71).

En ce jeudi 8 août, Jean-Aimé Toupane reçoit un texto de Vincent Collet. Le sélectionneur des garçons, tout juste qualifiés pour la finale, écrit que ce serait « génial » si les filles empruntaient le même chemin. Pour ce faire, les Bleues doivent gagner une demie qui s'apparente à un rendez-vous avec leur histoire : la Belgique, championne d'Europe en titre, qui les avait éliminées au même stade en 2023.
Un an plus tard, les filles de Toupane ont « à cœur de prendre [leur] revanche ». Place à un match au goût d'irrationnel. Quand la France signe un 19-1 en première mi-temps, la Belgique réplique par un 28-2, qui lui permet de s'envoler (46-31 à la 23e). Rideau ? Au contraire, s'en suit un 28-7 français ! En tribunes, les Bleus, joueurs et staff, applaudissent, encouragent, participent à la ola. Avec six points d'avance à 56 secondes de la fin, la revanche se profile. Mais il était dit que ce match ne pouvait se terminer ainsi. Avec trois lancers de Julie Vanloo et un 3 points d'Emma Meesseman, les Belges arrachent une prolongation. Où, cette fois, elles ne survivront pas aux pénétrations de Gabby Williams, qui inscrit 9 de ses 18 points dans le temps additionnel, scellant la victoire française (81-75). « Je sens que je suis faite pour les moments comme ça », sourit l'ailière. À ses côtés, Leïla Lacan cherche ses mots. « C'est fou... Je ne sais même pas quoi dire... Ç'a été une explosion d'émotions ! » Des montagnes russes pour vaincre le rival belge.

L'au revoir d'une légende

Vertige

2 878

Son total de points en sélection en 225 capes, ce qui en fait la meilleure marqueuse de l'histoire de l'équipe de France, hommes et femmes confondus. Elle est uniquement devancée par Hervé Dubuisson (3 921).

9

Ses médailles avec les Bleues : une en or (Euro 2009), cinq en argent (JO 2012, Euro 2013, 2015, 2019 et 2021), trois en bronze (JO 2021, Euro 2011 et 2023).

Après sa non-sélection aux JO, la meilleure marqueuse de l'histoire de l'équipe de France a tiré le rideau sur une immense carrière.

Sandrine Gruda a rangé les baskets, à 37 ans. Un moment officialisé en août lors d'une soirée de gala avec ses proches et les gens du milieu, le sourire jusqu'aux oreilles, sa silhouette toujours impeccable magnifiée par une robe à paillettes qui disait tout : de la lumière qu'elle faisait irradier sur les planches depuis deux décennies, comme de la flamme qui l'anime à l'heure de prendre un nouveau départ.
Avant de tirer sa révérence, la native de Cannes, élevée en Martinique par son père Ulysse, ancien international (6 sélections), rêvait d'une dernière danse avec l'équipe de sa vie. Elle n'a finalement pas été retenue par le sélectionneur Jean-Aimé Toupane. Une douleur qui a accéléré l'inéluctable. Bleue de cœur, elle avait été très touchée par sa non-sélection, annoncée dans un restaurant parisien, *Le Train Bleu*. « J'étais limite paralysée », avait-elle confié au site *BasketEurope*.
Meilleure marqueuse de l'histoire de la sélection (2 878 points en 225 capes), cette intérieure (1,93 m) pionnière au jeu délié et moderne a conquis neuf médailles dont une d'or à l'Euro 2009 et deux breloques olympiques – argent à Londres en 2012, génération « Braqueuses », et bronze à Tokyo en 2021, dans le cinq de la compétition.
Dès ses débuts à Valenciennes, rejoint en 2005, soit un an après le dernier titre européen du club nordiste, son impact est immédiat. MVP et meilleur espoir ses deux premières années en Ligue féminine, championne 2007, elle tombe dans les filets du plus grand club du monde, Ekaterinbourg, où elle suit son coach Laurent Buffard. Elle y glanera six titres nationaux et deux couronnes européennes (2013 et 2016). Draftée en WNBA en 2007 (13e par le Sun du Connecticut), elle ajoute un sacre avec les Sparks de Los Angeles en 2016.
Après une dernière saison ponctuée de pépins physiques, elle aurait pu, amère, ruminer sa peine pendant les Jeux. Au lieu de cela, elle s'est résolue à soutenir ses ex-coéquipières en tapant les trois coups précédant le coup d'envoi de leur demi-finale contre la Belgique (81-75 a.p.), à Bercy. Une scène rêvée pour l'au revoir d'une légende.

Sandrine Gruda, malgré sa non-sélection aux Jeux, a accepté de taper les trois coups avant France-Belgique.

Oldies but goodies

Les JO de Paris ont été ponctués de performances hors norme ou de marques historiques réalisées par des totems du jeu, de LeBron James à Diana Taurasi.

James et Jokic voient triple

Dans toute l'histoire des JO, seulement trois triples-doubles avaient été enregistrés auparavant. Deux sont venus s'ajouter durant l'olympiade parisienne. Lors de la demi-finale irrespirable qui a opposé la Serbie aux Avengers américains, les États-Unis ont eu besoin d'un LeBron James en 3D (16 points, 12 rebonds, 10 passes, seul joueur de l'histoire à en compter deux) pour se sortir du piège et revenir d'un déficit de 17 unités face aux coéquipiers de Nikola Jokic (95-91). Ce dernier, qui à deux reprises était passé à une passe de la marque statistique, a validé son propre triple-double dans la rencontre suivante, synonyme de médaille de bronze conquise face aux champions du monde allemands (93-83).

60

C'est le nombre de points inscrits par Stephen Curry, pour ses premiers JO, à 36 ans, en demie (36) puis en finale (24), à l'hallucinant pourcentage de réussite à 3 points de 17 sur 26, pour tirer les États-Unis du bourbier parisien. Les Bleus peuvent en témoigner, victimes de quatre tirs lointains de suite avant de rendre les armes.

6

L'Espagnol Rudy Fernandez est devenu le premier joueur à disputer six éditions du tournoi olympique. Sa première expérience remonte à 2004 à Athènes. Il a depuis engrangé trois breloques (argent en 2008 et 2012, bronze en 2016). La Roja n'est pas parvenue à s'extraire du groupe de la mort des JO (Australie, Canada, Grèce avec elle) et n'a pas vu les quarts à Paris.

Jackson, doyenne à 43 ans

43 ans et 79 jours. Le 29 juillet avec l'Australie contre le Nigeria, Lauren Jackson est devenue la doyenne des olympiennes. Elle et Diana Taurasi (42 ans et 48 jours) devancent désormais l'Espagnole Laia Palau (41 ans et 332 jours, Tokyo 2021). Meilleure marqueuse (581 points) et rebondeuse (281) de l'histoire des JO, Jackson a mis un point final à une carrière inimaginable en conquérant une neuvième médaille – du bronze – avec les Opales à Paris. À son tableau de chasse ? Un titre de championne du monde (2006), cinq breloques olympiques dont trois argents en 2000, 2004 et 2008. Mais également, en club, trois sacres en Euroligue, trois MVP et deux titres WNBA, sept couronnes nationales en Australie...

Taurasi, en attendant sa bière

Elle devait raccrocher à Tokyo, où avec son binôme de toujours, Sue Bird, Diana Taurasi avait décroché une cinquième médaille d'or olympique de suite. Un record en basket, hommes et femmes confondus, qu'elle a finalement dépassé, seule, à Paris, où l'Américaine d'origine italo-argentine a accroché une sixième étoile au palmarès d'une carrière majuscule. « Mes veines charrient le sang de deux des nations les plus caractérielles. Avec les bons... et les mauvais côtés. La défaite est toujours pour moi beaucoup plus lourde à digérer que la victoire », s'esclaffait à Lille celle qu'on a souvent comparée à Kobe Bryant pour sa technique et son *killer instinct*. La sextuple vainqueure de l'Euroligue et triple championne WNBA (Phoenix) n'aura totalisé que 5 points dans un tournoi où l'arrière de 42 ans n'a pas disputé la finale contre la France. La revoir à domicile en 2028 à LA ? « Non, assurait la native de Glendale (Californie). Je serai sur la plage, avec ma *cerveza* ! »

Les 4 mousquetaires

Le 3 x 3 masculin en argent, l'une des plus belles surprises des JO.

Qualifiés de dernière minute, les Bleus ont décroché une médaille d'argent aussi inattendue que méritée.

Le podium, la médaille, la célébration devant 4 000 fans à la Concorde : Franck Séguéla regarde ce décor dont il avait rêvé. « Franchement, c'est un truc de fou. Ç'a été un parcours tellement rocailleux... » N'étant pas qualifiés d'office, les Bleus, notamment à travers l'équipe 3 x 3 Paris, fondée par la Fédération, ont parcouru le globe et écumé les tournois afin d'engranger des points. Dans leur viseur : le ticket pour les JO, finalement décroché au TQO de la dernière chance, en Hongrie, grâce à des shoots venus d'ailleurs de Jules Rambaut et Timothé Vergiat.

Pour Paris, le sélectionneur Karim Souchu bâtit alors un quatuor composé de deux spécialistes (Séguéla et Rambaut) et deux joueurs sortant de leur saison de 5x5 (Vergiat à Blois, Lucas Dussoulier à Nanterre). Ces Bleus-là ne sont pas attendus à la fête, et quatre défaites de rang en poules semblent les pousser vers la sortie. Mais le couteau entre les dents, ils s'offrent la Chine et rallient le play-in. « Là, on a joué notre meilleur basket, des matches de très haut niveau », témoigne Rambaut. La Serbie ? Écartée (22-19). La Lettonie en demie ? Dominée (21-14). Coup sur coup, les tricolores ont sorti les champions du monde et les tenants du titre olympique ! En finale, l'horizon se pare d'or, avant que Worthy de Jong, d'un panier longue distance miraculeux, n'offre le titre aux Pays-Bas après prolongation (18-17). Le 3 x 3, « un sport cruel autant que magique », rappelle Rambaut, avec du recul : « On a eu notre qualif' grâce à des tirs incroyables, et là on a une médaille autour du cou. » Lapremière de l'histoire du 3 x 3 français aux JO.

Les filles, « le cœur brisé »

De leur côté, depuis leur 4e place aux Jeux de Tokyo en 2021, les Bleues ne pensaient qu'à ça : le podium à Paris. Et plus précisément la quête de l'or, pour laquelle elles faisaient partie des favorites. Las, malgré une année de perfectionnement à temps plein dans la discipline, les quatre Françaises (Laëtitia Guapo, Marie-Ève Paget, Myriam Djekoundade et Hortense Limouzin) sont passées à côté de l'événement, éliminées dès la phase de groupes (2 v., 5 d.). Réaction de Paget : « C'est le cœur brisé que l'on a vu notre rêve s'effondrer. »

Quatuor en bleu majeur

En six Championnats d'Europe de jeunes, les pousses bleues ont ramené cinq médailles, dont quatre en or. Une moisson inédite pour le basket français.

La France a réussi le premier doublé de son histoire à l'Euro U20 féminin.

U16 garçons
Intraitables

La génération 2001 (Killian Hayes, Théo Maledon), sacrée en 2017, a trouvé ses successeurs. Les Bleuets ont terminé invaincus après une victoire finale contre l'Espagne (82-70). Impressionnant physiquement, Cameron Houindo (2,02 m, Pôle France) a été élu MVP (13,9 points, 7,9 rebonds, 2,1 contres), accompagné dans l'équipe-type par l'ailier du BCM Louka Letailleur (1,88 m). La puce de Cholet, Aaron Towo-Nansi (1,75 m), et Matthys Mahop (1,89 m, Pôle France), ont également séduit.

U18 filles
+ 41 en moyenne

Les Bleuettes n'ont pas fait dans la dentelle : sept matches, sept victoires, 41 points d'écart en moyenne ! Leur succès contre l'Espagne en finale (80-70) est le seul avec moins de 38 points d'écart. Le trophée de MVP est revenu à Nell Angloma (1,80 m, 14,1 points et 7,3 rebonds), qui lance sa carrière à Lattes-Montpellier. À ses côtés, la créativité de Tea Cléante (1,76 m, Pôle France) et Stella Kessler (1,73 m, Flammes Carolo) fut remarquée.

U20 garçons
Sans neuf draftés !

Le sélectionneur Guillaume Vizade a dû composer sans les neufs Frenchies appelés lors des deux dernières drafts (Wembanyama, Coulibaly, Risacher...). Malgré cela, la France, sacrée l'an passé, a conservé son titre ! En quart, face à la génération dorée espagnole – invaincue depuis les U16 et privée cet été du seul Baba Miller –, Noah Penda (2,00 m, Le Mans) a marqué le 3 points de la victoire au buzzer. Il figure dans l'équipe-type, avec le MVP Zacharie Perrin (2,08 m, Nancy), auteur d'une finale magistrale contre la Slovénie (82-78) : 19 points, 10 rebonds, 5 passes, 3 contres.

U20 filles
Sans trois grands noms

Comme les garçons, les filles, malgré des absentes de marque (Lacan, Malonga, Leite), ont réussi le doublé. La force collective a permis de renverser la Turquie sur le fil en quart, avant de prendre le meilleur sur l'Allemagne puis l'Espagne en finale (83-75). Face à la Roja, Manoé Cissé (1,62 m, Champagne) a inscrit 21 points. Marine Dursus (1,76 m, 52 % à 3 points), expérimentée dans l'élite à Angers, a intégré le cinq idéal.

Et aussi

Les U16 filles en argent

Après un ultime panier manqué par Emma Broliron, les Bleuettes ont terminé leur Euro argentées, vaincues par la Finlande en finale (47-49). Kathy-Emma Otto (1,87 m, Pôle France) a tout de même été élue MVP (10,2 points et 7,8 rebonds), accompagnée de Broliron (1,62 m, Pôle France) dans l'équipe-type.

Nolan Traoré

Le monde de demain

Arrivé mineur sur les parquets de l'élite, Nolan Traoré (1,91 m, 18 ans), en même temps qu'il faisait sensation à Saint-Quentin, a convaincu les observateurs qu'il pouvait être le meneur de demain pour les Bleus.

C'est un grand saut, que personne auparavant n'avait effectué : passer en pleine saison du Pôle France (N1) à la Betclic Élite. Le 22 mars, Nolan Traoré guidait ses camarades de l'INSEP à la victoire à Lorient, et huit jours plus tard, sous le maillot de Saint-Quentin, défiait Matthew Strazel, Élie Okobo et l'armada de Monaco. « Il y a quinze jours, il était dans sa chambre à l'INSEP et là il se retrouve seul dans un appart' », s'amusait son entraîneur au SQBB, Julien Mahé.

Que le club picard, en course pour les play-offs, ait choisi de miser sur un ado de 17 ans, dit beaucoup de son potentiel. Qui fut rapidement confirmé. Traoré, qui brillait en troisième division (16,8 points, meilleure marque pour un représentant du Pôle France depuis Edwin Jackson en 2007), a passé 18 points à l'Asvel dès son cinquième match dans l'élite, puis 25 à Chalon-sur-Saône la rencontre suivante, le 4 mai – jamais un mineur (il est né le 26 mai 2006) n'avait atteint cette barre.

Et pour que la campagne de Saint-Quentin, premier promu qualifié en phase finale depuis Le Portel en 2017, s'ancre encore plus dans les mémoires, le nouveau venu s'est chargé du spectacle contre l'Asvel en quart de finale. Bien que l'obstacle soit trop élevé (2-0 pour Lyon-Villeurbanne), le frère d'Armel (LA Lakers) a cumulé 39 points et 14 passes dans ces deux parties et poussé le club de Tony Parker, mené de 15 longueurs dans le dernier quart-temps de la deuxième manche à Saint-Quentin, à un come-back fou pour s'extirper des griffes picardes.

Déjà dangereux avec les adultes, ce meneur offensif est revenu, le temps d'un week-end, au sein du Pôle France, faire des ravages face aux jeunes de sa génération.

En mai, à l'ANGT à Berlin, tournoi organisé durant le Final Four de l'Euroligue, le Français a livré une performance éblouissante pour vaincre Barcelone en demi-finale (45 points, 50 d'évaluation, du jamais-vu dans le tournoi), avant de devoir s'avouer vaincu en finale face au Real Madrid, après

« Saint-Quentin est la meilleure situation pour moi d'un point de vue basket. »

Nolan Traoré

La stat

5

Cet été, Traoré n'a pas suffi pour guider les Bleuets sur le podium à l'Euro U18. Les tricolores ont terminé à la 5e position, avec une seule défaite, survenue en quart contre Israël (72-85). Le meneur français a fini meilleur passeur du tournoi, compilant des moyennes de 14 points et 9,3 passes en 29 minutes.

Il a fait des étincelles
avec Saint-Quentin avant de faire hésiter Vincent Collet jusqu'aux derniers instants pour intégrer les douze des JO. L'avenir est à Nolan Traoré.

prolongation – un match hautement apprécié par les observateurs. Dans la foulée, Vincent Collet n'a pas hésité à le convier comme partenaire d'entraînement à la préparation des Bleus, hésitant même jusqu'aux derniers instants à l'embarquer dans l'aventure olympique. Mais Traoré a pris date. Son duo avec Wemby, futur axe fort de la sélection ?
Pour l'heure, à l'intersaison, annoncé dans le top 5 de la draft 2025, le Frenchy était courtisé de toute part : NCAA, Australie, Europe… Mais il a choisi la stabilité en rempilant à Saint-Quentin. « La meilleure situation pour moi d'un point de vue basket », a-t-il déclaré au sujet du SQBB, terrain d'expression pour les talents français depuis des années (Hugo Besson, Mathis Dossou-Yovo, Melvin Ajinça…) grâce au travail entrepris par le coach Julien Mahé. Ainsi en 2024-2025, Traoré, 18 ans, partagera la mène avec Lucas Boucaud, 23 ans, dans un club en pleine renaissance, sauvé en N1 il y a quelques années par le président Laurent Prache, et désormais de retour sur la scène européenne en Ligue des champions. Et pour Traoré, cela va encore au-delà : toute l'Amérique le regarde.

NBA – Boston reprend le trône

En dominant Dallas en finale,
les Boston Celtics de Jaylen Brown (au dunk) et Jayson Tatum ont décroché le 18e titre dans l'histoire de la franchise, nouveau record.

CELTICS
0
NATIONAL BASKETBALL ASSOCIATION
CHAMPIONS
BOSTON CELTICS
CHAMPIONS
BOSTON CELTICS

Interdit aux moins de 18

Dominateurs en saison régulière puis en play-offs, jusqu'en finale contre Dallas (4-1), les Boston Celtics ont décroché le 18e titre de leur histoire. Un nouveau record, et l'aboutissement d'une quête.

Le trophée brandi par Jayson Tatum, enfin champion, à vingt-six ans, sept ans après son entrée dans la ligue nord-américaine.

Le soleil tombe sur Boston en cette mi-juin et irradie les fans de bonheur. Qu'importent les risques d'insolation, ils sont prêts à attendre leurs héros pendant des heures s'il le faut. Après tout, cela faisait seize ans qu'ils prenaient leur mal en patience, trépignaient. Seize années depuis le dernier sacre de leur équipe de cœur (en 2008) : à l'échelle de la maison celte, une éternité. Entre-temps, les Lakers, champions 2020 dans la bulle Covid, avaient égalé leur record de 17 couronnes. « J'ai 95 ans, un pied dans la tombe et je peux à peine bouger. L'une des dernières choses que je veux pouvoir voir, c'est de voir accrochée cette 18e bannière », disait la légende locale Bob Cousy dans le *Boston Globe* avant la finale.

Pour les Celtics, cette quête était le seul objectif qui vaille, une obsession. À Boston, le palmarès et l'héritage sont tels que seule une bague peut définir une saison comme réussie. « Bien sûr que la pression est là », disait Jayson Tatum avant de défier Dallas. Et après le sacre, lors de la parade, Luke Kornet a ainsi joué les profs de maths auprès des fans avec un exercice tout simple : compter de 1... à 18, évidemment.

Les paris de l'été 2023

« On peut gagner plusieurs titres ailleurs, mais rien ne vaut un titre à Boston. » Cette phrase de Danny Ainge (longtemps GM des Celtics) prononcée à Al Horford pour le convaincre de signer en 2016, l'intérieur dominicain se l'est rappelée huit ans plus tard, la bague au doigt. C'est aussi en 2016 que Jaylen Brown est arrivé, via la draft, une année avant Jayson Tatum.

Le titre de 2024 valide la construction dans la durée, et notamment le travail de Brad Stevens, coach (2013-2021) devenu président des opérations basket. À l'intersaison 2023, alors que son équipe, version Jay's, avait connu trois finales de conférence plus une finale NBA

Palmarès

Les dix derniers champions

2024	Boston Celtics
2023	Denver Nuggets
2022	Golden State Warriors
2021	Milwaukee Bucks
2020	Los Angeles Lakers
2019	Toronto Raptors
2018	Golden State Warriors
2017	Golden State Warriors
2016	Cleveland Cavaliers
2015	Golden State Warriors

en six ans, le dirigeant n'hésite pas à bouleverser l'effectif. Afin de signer Kristaps Porzingis, pourtant sujet récurrent aux blessures, il se sépare de son meneur titulaire, âme du groupe, le totem vert Marcus Smart. Dans la foulée, il parvient à mettre la main sur Jrue Holiday en échange de Malcolm Brogdon, Robert Williams et deux premiers tours de draft.
Moins d'un an plus tard, aucun Celtic n'est nommé parmi les 21 finalistes pour les sept récompenses individuelles de la saison (MVP, meilleur défenseur, etc.), mais le trophée de dirigeant de l'année revient à Brad Stevens. Entre-temps, Boston a régné sur la ligue, 1er avec un bilan de 64-18, loin devant Oklahoma City et Denver (57-25).

Shooteurs d'élite

Troisième défense la plus efficace en 2023-2024 (109,0 points encaissés sur 100 possessions), Boston, malgré son effectif remodelé, a su rester dans ses standards de ce côté du terrain tout en augmentant son rendement offensif : 120,2 points marqués sur 100 possessions. Le record depuis vingt ans qu'ESPN calcule cet "offensive rating". Durant la saison, les hommes de Joe Mazzulla ont atteint la barre des 140 points à six reprises, en passant même 155 contre Indiana, sans prolongation.

« On peut gagner plusieurs titres ailleurs, mais rien ne vaut un titre à Boston. »

Danny Ainge

Hourra-basket ? Loin de là ! Avec moins de 100 possessions par match, les Celtics affichaient l'un des plus faibles rythmes de la ligue. Le caractère dévastateur de leur attaque est venu de son efficacité, notamment à longue distance : leader aux tirs à 3 points convertis (16,5 par match) et tentés (42,5), avec une excellente réussite (39 %). Et le danger venait de partout. « C'est très rare de voir une équipe capable de jouer avec cinq shooteurs en même temps », constatait début mars Jason Kidd, l'entraîneur de Dallas, après avoir subi une défaite de 28 points face aux Celtics. Deux jours plus tard, ceux-là infligeaient une humiliation aux rois du tir, les Warriors : 140-88 avec 25/49 à longue distance, au nez et à la barbe de Stephen Curry and co. « Notre philosophie est de trouver le meilleur tir », résume simplement Mazzulla. « Le coach ne nous a jamais dit de prendre plus de 40 shoots à 3 points par match. Il s'agit de prendre le bon tir », insiste Tatum.

Champion 2021 avec Milwaukee avant d'enchaîner avec le titre olympique à Tokyo. Champion avec Boston avant un second sacre aux JO de Paris. Le meneur défenseur Jrue Holiday est décidément indispensable aux grandes conquêtes.

Objectif doublé

Miami (4-1), Cleveland (4-1), Indiana (4-0), Dallas (4-1) : en play-offs, aucune équipe n'a réussi à prendre plus d'un match à Boston, qui a ainsi confirmé sa domination de la saison régulière. Il a pourtant fallu composer sans Porzingis lors de 12 des 19 rencontres. En son absence, Al Horford, 38 ans, au cœur de sa 17e saison dans la ligue, fut héroïque. « Son leadership, son calme, c'est contagieux », a salué son coach (36 ans), plus jeune que son pivot. À l'arrière, Derrick White a joué les facteurs X, tandis que Jrue Holiday, déjà sacré avec Milwaukee trois ans plus tôt, a une nouvelle fois coché toutes les cases. Aux Celtics, les têtes étaient bien alignées derrière le duo des Jay's (Tatum le leader, l'attaquant, Brown le MVP des Finals, le défenseur), chacun connaissant et respectant son rôle.
Holiday ayant prolongé jusqu'en 2028, Tatum jusqu'en 2030 (avec un accord record de 314 M$ sur cinq ans), Brown sous contrat jusqu'en 2029, Boston entend prolonger sa dynamique. « On a clairement une fenêtre de tir devant nous », assène Brown. Les fans ne demandent que ça : montrer qu'ils savent compter jusqu'à 19.

Le record

18

Le nombre de titres des Celtics. Ils reprennent seuls la tête de la NBA, devant les Lakers (17 sacres), qui avaient égalisé en 2020, à des années-lumière devant le reste de la concurrence (Warriors à 7 titres, Bulls à 6 et Spurs à 5).

6 champions différents en 6 ans !

De 2019 à 2024 : six franchises sacrées en six saisons. Record égalé. Jusqu'alors, dans toute l'histoire de la NBA, ce n'était arrivé que durant la période 1975-1980, avec les couronnements successifs de Golden State, Boston, Portland, Washington, Seattle et Los Angeles.

Kristaps Porzingis a été l'une des meilleures pioches du marché des transferts 2023. Il a fait des étincelles pour Boston en finale (20 points dans le game 1).

Jayson Tatum et Jaylen Brown

Jay's, conquérants de la lumière

Après sept années ensemble, les deux Jay's, Tatum (26 ans) et Brown (28 ans), ont fait taire les critiques en menant Boston au titre.

Leur première accolade est partagée. Alors que le coup de sifflet final couronne les Celtics, Jayson Tatum et Jaylen Brown s'étreignent de longues secondes. Les confettis s'amassent sur leurs bras en sueur. Ensemble, ils viennent de disputer leur 107e match de play-offs. Ensemble, ils viennent de remporter le titre NBA. Pourtant leader de son équipe aux points (22,2), rebonds (7,8) et passes (7,2) lors de cette ultime série contre Dallas, Tatum voit son lieutenant de luxe, Brown (20,7 points, 5,4 rebonds et 5,0 passes), élu MVP des Finals, notamment pour son activité défensive contre Luka Doncic.
Qu'importe qui soulève ce trophée, à en croire Brown : « On l'a gagné ensemble, on le partage tous les deux. » Et le vétéran du groupe, Al Horford, de sourire : « Je suis si fier de Jaylen et Jayson. Ils ont progressé malgré les critiques, les attentes et la pression. »
En 2016 et 2017, les Sixers et LA Lakers héritent des deux premiers choix de draft, et choisissent Ben Simmons puis Markelle Fultz côté Philadelphie, Brandon Ingram et Lonzo Ball pour Los Angeles. Lors de ces deux cuvées, les Celtics héritent du 3e pick : ils optent pour Brown en 2016, Tatum en 2017. Deux coups de maître, qui forment la nouvelle colonne vertébrale de l'équipe.

Cinq finales de conférence

Depuis, en sept saisons, le duo a atteint à cinq reprises la finale de conférence, et par deux fois les Finals (défaite en 2022, victoire en 2024). « On a connu beaucoup de batailles ensemble, des moments cruciaux, on a appris de nos expériences », commente Tatum. Au fil des éliminations en play-offs, les critiques quant à la supposée incapacité des Jay's à mener leur groupe au graal ont fleuri, tout comme les sujets de leur entente et de la concurrence entre eux refaisaient fréquemment surface.
Au printemps 2024 encore, la rumeur contait que Tatum aurait été jaloux que Brown soit MVP de la finale de conférence. « Conneries ! a répondu leur coach Joe Mazzulla. Toute cette histoire m'énerve. Ce sont d'excellents coéquipiers. »

« On a tout entendu sur notre duo : qu'on ne pouvait pas jouer ensemble, qu'on ne gagnerait jamais... »
Jaylen Brown

« Les médias ont dit toutes sortes de choses sur nous : qu'on ne pouvait pas jouer ensemble, qu'on ne gagnerait jamais, liste Brown. On a tout entendu, mais on a su faire abstraction et garder le cap. » Mieux, ils se sont nourris des on-dit. « Toutes ces choses nous ont aidés, enchaîne son compère. Cela nous a poussés à trouver une solution, à ne pas fuir nos responsabilités. Au lieu de se séparer, on s'est rapprochés. » Cette défiance – a minima supposée – du monde extérieur a servi de carburant aux intéressés. Lors de la parade pour le titre à Boston, Tatum arborait un T-shirt portant le nouveau slogan de son sponsor, Jordan, qui en a fait un spot publicitaire : *Don't stop disbelieving*. Que l'on peut traduire ainsi : « continuez à ne pas croire en moi/en nous ».

Le duo des Jay's est le noyau de la réussite des Celtics.

Maria Guramare, la miss data des Celtics

Une jeune Française est devenue, en coulisses, championne NBA. Ancienne internationale diplômée de Harvard, elle avait intégré le staff des Celtics comme analyste data.

Elle raconte qu'à douze ans déjà, elle était « obsédée par les Celtics », son équipe de cœur, et que l'un des premiers maillots NBA de sa collection était celui de Paul Pierce (champion 2008). Maria Guramare pouvait-elle imaginer qu'un jour elle participerait au 18e titre de champion de Boston ?
C'est pourtant bien l'aventure folle vécue par la jeune Française (23 ans) à la trajectoire aussi étonnante que fulgurante, passée par les sélections jeunes des équipes de France avant d'intégrer Harvard, puis la franchise au trèfle la saison écoulée, dans un rôle d'analyste data. Choisie parmi 6 000 CV postés sur la page LinkedIn des Celtics quand le job a été mis sur le marché, Guramare, née d'un père ancien international roumain de rugby, qui a grandi à Bédarrides (Vaucluse), a cru « quitter son enveloppe corporelle ». « Je vis un rêve éveillé, raconte-t-elle. Quand je suis arrivée et que je me suis mise à croiser Al Horford, que j'idolâtrais, dans la cuisine des bureaux des Celtics, je n'y croyais pas », hallucine-t-elle. Ralentie par des blessures aux genoux, incitée par le Covid à mettre un terme anticipé à sa carrière, Guramare s'orientait vers un job dans une start-up de biotech spécialisée dans la recherche statistique pour améliorer notamment la prise en charge des cancers. Avant de retrouver son premier amour. « Quand j'ai reçu l'appel, après une longue série d'entretiens et des mois d'attente, je me suis étouffée, effondrée, je n'arrivais plus à m'arrêter de pleurer », raconte Guramare, dont les missions sont, au sein d'une équipe, l'élaboration de modèles statistiques complexes sur la durée pour améliorer les performances des Celtics tant sur le terrain que dans les choix de son *front office*, notamment lors des drafts.

Formée à l'INSEP, bronzée à l'Euro U16 en 2016 avec Marine Fauthoux et Iliana Rupert, Guramare, dotée d'une intelligence hors norme depuis qu'elle est enfant, avait poursuivi sa carrière tout en étudiant les sciences informatiques, ainsi que les mathématiques appliquées à la biologie moléculaire et cellulaire.
Pour Michael Zarren, vice-président des Celtics, son recrutement est un coup de maître. « On a peut-être pénalisé la recherche médicale en l'embauchant, glisse-t-il. Mais pour elle comme pour nous… c'est génial ! »

Maria Guramare travaille dans l'ombre à des tâches statistiques pointues au service du jeu des Celtics.

Minnesota Timberwolves

Lefèvre, jeune loup

Au-delà de Rudy Gobert, un autre Français a fait son trou dans l'antre de Minnesota : l'assistant-coach Maxime Lefèvre, ex-coordinateur vidéo désormais spécialisé dans les tâches défensives. Il vit sa cinquième saison avec les Wolves, parvenus jusqu'en finale de conférence (défaite contre Dallas 1-4). Pionnier de l'infiltration des staffs NBA, devenu adjoint de Chris Finch après avoir gagné ses galons en université comme joueur puis entraîneur (finaliste NCAA 2019 en tant qu'assistant avec Texas Tech). Nommé head coach de l'équipe de Summer League à l'été 2023, le natif de Mont-Saint-Martin (Meurthe-et-Moselle) assure ne pas viser directement les étoiles. « Bien sûr, je rêve d'être au premier rang avec Chris Finch. Mais je n'oublie jamais que la NBA était un rêve, que tout peut changer du jour au lendemain, et je me concentre sur mon travail. »

Un reboot pour Dallas

Boulimique

73 Luka Doncic a signé le 26 janvier contre Atlanta une pointe à 73 points, la 4e plus grosse performance de l'histoire, plus haut total pour un joueur non américain. Avec 2 370 unités sur la saison régulière (33,9 par match, meilleur scoreur de l'exercice), il est le joueur des Mavericks le plus prolifique sur une saison, détrônant Mark Aguirre (2 330 en 1983-1984).

Treize ans après le sacre de Dirk Nowitzki et Jason Kidd – désormais leur coach – les Mavericks ont retrouvé la finale NBA. Un sacré aboutissement malgré la défaite.

Ils étaient arrivés en finale NBA contre Boston nimbés d'une étrange aura de favoris, assis sur leur dynamique de feu et un tandem Luka Doncic-Kyrie Irving enfin au diapason. Si les Mavericks, 5e en phase régulière (50-32), sont sortis vainqueurs surprises d'une conférence Ouest épicée, ils n'ont pas tenu le choc (1-4) face à des Celtics moins fatigués, trop affamés et expérimentés.

La trajectoire fut spectaculaire, rendue possible par des transferts intelligents opérés en février par le GM Nico Harrison – arrivées de PJ Washington et Daniel Gafford –, après déjà avoir fait l'une des meilleures pioches de la draft avec Dereck Lively II (12e de la cuvée 2023). De quoi rééquilibrer une équipe penchant trop vers son secteur extérieur, incarné par le back-court Kyrie Irving-Luka Doncic. Il n'existe sans doute rien de mieux en NBA… à l'exception des deux « Jay's » des Celtics, Jayson Tatum et Jaylen Brown, au profil moins créateur, plus athlétique et défensif.

Klay Thompson arrive !

Enquiquiné par plusieurs pépins physiques, Doncic, le Mozart slovène, inconstant mais dominateur en finale de conférence contre Minnesota (32,4 points, 44 % à 3 points), avec une victoire au buzzer d'anthologie lors du match 2 sur la tête de Rudy Gobert, ainsi qu'au tour précédent contre le numéro 1 de la saison Oklahoma City, n'a pas été en mesure de composer la symphonie dont il rêvait.

Luka Doncic n'a pas suffi pour les Mavericks.

Don't be afraid to fail BIG
NUGGETS
15
JOKER

Jokic, l'étalon de Sombor

Le pivot serbe de Denver a grandi dans une petite ville au nord de Belgrade, Sombor, où il finance le club local et s'adonne à son autre passion : les chevaux.

La fresque
réalisée en l'honneur de Nikola Jokic sur l'une des façades de l'école élémentaire qu'il a fréquentée à Sombor.

La boîte aux lettres est fixée à une structure de métal bleu. J.O.K.I.C. Les lettres capitales, tracées à la main au marqueur noir sur fond jaune, laissent peu de doute quant à l'identité de la famille résidant dans ce domaine boisé au cœur de Sombor, au nord-ouest de la Serbie. Paisible municipalité de 42000 habitants située à 200 kilomètres de Belgrade dans la province autonome de Voïvodine, à proximité des frontières croate et hongroise, Sombor (contraction des mots « poisson-chat » et « pin ») attire depuis quelques années un tourisme inattendu. S'y rendent ceux qui veulent découvrir le lieu où s'est écrit le destin de l'un des plus formidables joueurs de basket de son temps, Nikola Jokic, dont l'aura tutoie celle d'une autre icône du sport serbe, Novak Djokovic. Des aboiements et hennissements brisent le silence de cette cour où stationnent des remorques pour chevaux de trot – discipline où le jockey est installé dans un sulky, tracté par sa monture. « Dream Catcher » (attrape-rêve), dit une enseigne azur flanquée d'un logo associant un cheval trotteur, une coiffe à grelots – celle du « Joker », surnom de Nikola Jokic – et le nombre 15, son numéro de maillot.
Un hippodrome jouxte l'écurie, où l'enfant du pays, désigné pour la troisième fois MVP de la saison, revient chaque été en pèlerinage.
« La première chose que Nikola a voulu acheter avec son salaire, c'est un cheval de course. Lui était parti poursuivre son rêve aux États-Unis, Dream Catcher en chassait un autre ici », se remémore le père de Nikola Jokic, Branislav (66 ans), dont la famille est tombée amoureuse du basket en 1970, année du premier titre mondial de la Yougoslavie. Dans son bureau, pêle-mêle, on trouve des photos et trophées glanés par ses chevaux. La Coupe de Duzijanca, course réputée en Serbie, est propriété de l'écurie après trois succès de rang. Un accomplissement que Nikola Jokic a – sérieusement – classé parmi les plus grands de sa vie.
Les chevaux sont son autre passion, son antidote à la surmédiatisation forcée de sa vie US. S'il n'avait pas été basketteur, le géant aux doigts de fée serait peut-être resté à Sombor pour y être garçon d'écurie.
« Un jour, sa maîtresse en primaire nous a appelés parce qu'elle s'inquiétait de son hygiène. Nikola sentait mauvais,

Palmarès

Les dix derniers MVP

2024	Nikola Jokic (Denver)
2023	Joel Embiid (Philadelphie)
2022	Nikola Jokic (Denver)
2021	Nikola Jokic (Denver)
2020	Giannis Antetokounmpo (Milwaukee)
2019	Giannis Antetokounmpo (Milwaukee)
2018	James Harden (Houston)
2017	Russell Westbrook (Oklahoma City)
2016	Stephen Curry (Golden State)
2015	Stephen Curry (Golden State)

« D'où vient son talent ? De la génétique, son père, sa mère. Et puis... de Dieu. »

Nebojsa Vagic, parrain de Nikola Jokic et son entraîneur avant la draft

Le playground où Nikola Jokic a pris ses premiers tirs, photographié du ciel à l'aide d'un drone par le photoreporter de *L'Équipe* Jean-Baptiste Autissier.

relate Branislav. C'est que tous les matins avant d'aller à l'école, il nettoyait l'écurie. La douche et les vêtements propres ne suffisaient pas. Cette odeur s'incruste dans ta peau, tes cheveux *(il rit)*. Il aime cette vie, cette simplicité. S'il y a une chose dont je suis fier, c'est que grâce à lui, les noms de notre ville et de notre pays résonnent plus fort dans le reste du monde. »

S'il ne participe pas aux compétitions – son gabarit ne le lui permet pas –, un cliché montre le Serbe dans son sulky, habité. Jokic y semble autant dans son élément que sur les parquets. Plaque tournante des Nuggets, il enregistre 26,4 points, 12,4 rebonds et 9 passes par match, dans un style à son image, faussement nonchalant, à contre-courant. Dans une NBA gouvernée par la vitesse, les prouesses physiques et l'individualisme, le joueur de 29 ans, qui ne possède pas de compte X ou Instagram, domine sans qualités athlétiques, détente ni ego.

Capable d'égarer son trophée de MVP de la finale quelques minutes après l'avoir reçu, Jokic a longtemps fui les médias, dont il est pourtant l'un des chouchous pour ses interventions mâtinées d'une acerbe autodérision. En 2021, il avait assuré : « LeBron James ne peut pas sauter aussi haut que moi. » « Nikola est l'un des plus grands de l'histoire », lui a répondu la superstar des LA Lakers.

Un ovni à la réussite inattendue

Moqué, au début de sa carrière, pour sa condition physique déficiente et son surpoids – « j'avais le corps le moins en forme de la ligue », sourira-t-il un jour –, le pivot, qui buvait jusqu'à trois litres de coca par jour avant d'arriver aux USA, n'en impose pas moins son génie décalé.

L'ancienne star des Lakers James Worthy le compare à un hybride entre Kareem Abdul-Jabbar et Magic Johnson. À Sombor, impossible de manquer, depuis 2019 (1re de ses 6 sélections au All-Star Game), la fresque qui figure le héros de la ville sur la façade de son école élémentaire. Les Jokic sont à la tête du club local, renommé le KK Joker, en première division serbe.

Personne n'avait rien vu venir. Littéralement. Quand le nom de Nikola Jokic est appelé sur l'estrade du Barclays Center de Brooklyn, le 26 juin 2014, avec le 41e choix de la draft, une publicité pour Taco Bell est diffusée à la TV et l'intéressé ronfle paisiblement au pays.

Aucun joueur choisi à ce niveau n'avait décroché la distinction de MVP. Ce que cela lui inspirait après sa victoire en finale l'an passé ? « Ils n'ont pas cru dans le petit obèse. Il ne faut jamais parier contre le petit obèse ! » lâchait Jokic sur ESPN, dont l'une des plus célèbres photos le montre enfant, en famille, tous bourrelets dehors.

« Je n'aurais jamais pensé que Nikola puisse jouer en NBA. Il n'est pas rapide, ne saute pas, mais personne ne peut l'arrêter. Il n'a rien... et pourtant, il a tout », image joliment Branislav Jokic.

Un homme a rendu l'histoire possible. Misko Raznatovic, à la tête de la machine BeoBasket, était posé avec son café, comme chaque dimanche, à Belgrade, épluchant les résultats U18, fin 2012. Nikola Jokic venait de quitter Sombor pour Novi Sad. « Je vois les stats de ce gamin dont n'avions jamais entendu parler, 29 points et 26 rebonds. C'est le seul joueur que j'ai signé sans l'avoir vu de mes propres yeux », souffle Raznatovic, qui enrôle Jokic dans sa « Mega Factory », club qui sert de couveuse aux jeunes talents de son agence.

En mission commando avant la NBA

Le môme conclut ses deux ans et demi à Belgrade (MVP de Ligue Adriatique en 2015). Un an après sa draft, Denver lui donne sa chance.

S'engage une course contre la montre pour préparer son corps au choc qui l'attend. Nebojsa Vagic, ami intime de l'aîné Strahinja et parrain de Nikola, lance la mission.

« Je n'aurais jamais pensé que Nikola puisse jouer en NBA. Il n'est pas rapide, ne saute pas, mais personne ne peut l'arrêter. Il n'a rien... et pourtant, il a tout. »

Branislav Jokic, père de Nikola Jokic

« Nikola savait qu'avec moi il n'y aurait pas d'échappatoire, s'amuse cette grande tige de 47 ans au bagou et à la bonne humeur communicatifs. Il avait cette fascinante capacité à jouer sans effort. Mais aussi un côté indolent, et pas un corps de basketteur. Il était *chewy* (caoutchouteux), les muscles non dessinés. Un jour, je lui ai préparé un gâteau dont la décoration en pâte à sucre disait : "Je ne veux pas m'entraîner" *(il rit)*. On a passé un mois à le mettre minable, cinq heures par jour. En mode forces spéciales. Il avait beau se plaindre, comme quand, bébé, il passait son temps à brailler, on ne laissait rien passer. »

Après un mois, Jokic n'est plus le même. « On ne pouvait plus le suivre », résume Vagic. « Un jour, j'ai fait un voyage en Tanzanie. À mon retour de Zanzibar, se souvient le parrain, je lui ai ramené un gorille sculpté dans le bois. Il l'a gardé longtemps dans son casier à Denver. C'est comme ça que je le vois, un gorille surpuissant à l'intelligence supérieure. Il fait les choses à sa manière, ne cherche pas à vous séduire. Il ne sert à rien de lui mentir. Il lit en vous. D'où vient son talent ? De la génétique, son père, sa mère. Et puis... de Dieu. »

Le 29 octobre 2015, Nikola Jokic vivait son premier match NBA, une victoire à Houston (105-85) lors de laquelle il a inscrit 2 points en 4 minutes. Un début au trot. Car depuis, il avance au grand galop.

Le père de Nikola Jokic, Branislav, vit toujours à Sombor, où il gère l'écurie familiale, désormais une tête de pont dans les compétitions hippiques nationales.

Un club très privé

Les joueurs avec le plus de titres de MVP

En décrochant pour la troisième fois la distinction de meilleur joueur de la saison (26,4 points, 58 % au tir, 12,4 rebonds, 9 passes de moyenne, 25 triples-doubles en 2023-2024), Nikola Jokic (2,11 m, 29 ans) a rejoint un cercle très fermé. Seuls huit autres joueurs ont fait au moins aussi bien. Il est le seul Européen de la bande. Il devance au vote Shai Gilgeous-Alexander (OKC) et Luka Doncic (Dallas).

	MVP
1. Kareem Abdul-Jabbar	**6**
2. Bill Russell et Michael Jordan	**5**
4. Wilt Chamberlain et LeBron James	**4**
6. Moses Malone, Larry Bird, Magic Johnson et Nikola Jokic	**3**

Le cinq majeur de l'année

Luka Doncic (Dallas, Slovénie)
33,9 points, 9,2 rebonds, 9,8 passes

Shai Gilgeous-Alexander (Oklahoma City, Canada)
30,1 points, 5,5 rebonds, 6,2 passes

Jayson Tatum (Boston, champion NBA)
26,9 points, 8,1 rebonds, 4,9 passes

Giannis Antetokounmpo (Milwaukee, Grèce)
30,4 points, 11,5 rebonds, 6,5 passes

Nikola Jokic (Denver, Serbie, MVP de la saison)
26,4 points, 12,4 rebonds, 9 passes

A new sheriff in town

Victor Wembanyama s'est parfaitement fondu dans son nouvel environnement texan. Et malgré les soubresauts d'une première saison sportive difficile, la trajectoire de la comète française n'a pas dévié.

Wemby s'est montré intraitable face à son ami et ancien coéquipier chez les Mets de Boulogne-Levallois, Bilal Coulibaly.

Chapeau de cow-boy noir sur la tête, breakfast taco en main, adossé contre l'une des fresques murales qui le représentent à San Antonio, Victor Wembanyama est comme chez lui. Après quelques mois, il a embrassé avec sincérité le culte de la personnalité dont il fait l'objet à San Antonio et la destinée qu'on lui promet dans la septième ville la plus peuplée des États-Unis. « Ils me traitent comme leur famille, je leur en suis reconnaissant », résume celui qui a élu domicile à une vingtaine de kilomètres au nord de la cité, dans un îlot de verdure où avant lui a résidé David Robinson. L'objectif : se rapprocher du Victory Capital Performance Center, centre d'entraînement flambant neuf considéré comme l'un des plus avancés au monde – « Le PSG n'a rien de tel », nous glisse-t-on. Il garde quelques madeleines en ville, comme la brasserie française *Mon Chou Chou*, dans le quartier upscale du Pearl, où il commande le sandwich à la raclette et jambon de Bayonne ou l'os à mœlle, a rapporté une serveuse du lieu à Maxime Aubin pour *L'Équipe*.

Fondu dans son nouvel environnement, il s'est livré à une visite de Fort Alamo ainsi qu'à une tournée des bars. On l'a croisé en janvier auprès du maire Ron Nirenberg pour célébrer l'agrément bilingue français de l'école internationale. « Les Spurs sont une partie fondamentale de la culture de la ville, rappelle Nirenberg. Victor a ramené un espoir, il inspire les autres et la ville a retrouvé de l'unité grâce à lui. »

Et… sur le parquet ? Après un début en forme de mirage (3 victoires, 2 défaites), la réalité a rattrapé une équipe en reconstruction. Cela n'empêche pas la franchise aux cinq titres NBA de progresser à vitesse grand V et, sur la foi des flashes de son nouvel homme lige, d'y déceler les prémices d'un nouvel âge d'or.

Premier match

C'est une atmosphère de finale NBA. La première session presse de Victor Wembanyama du 2 octobre a généré un millier de demandes d'accréditations. Il en va de même pour le match inaugural contre Dallas et Luka Doncic, après une présaison réussie marquée par quelques contres et actions venues d'ailleurs – ce dunk où on le voit étirer le bras évoquant Michael Jordan dans la scène finale de *Space Jam* – de la part de celui que LeBron James a surnommé « l'alien ». « Je ne tremble pas, mais j'ai des papillons dans le ventre », souffle l'intéressé. Il fait son entrée dans un Frost Bank Center brûlant et débordant (18 947 fans). Limité par les fautes, Wemby délivre, dans la défaite (119-126), une ligne de stats prometteuse (15 points, 6/9, 5 rebonds) qui évoque celle, 26 ans plus tôt, de Tim Duncan (15 points, 10 rebonds). Les Spurs remporteront leur premier succès deux jours plus tard face à Houston (126-122 a.p.) avec 21 points et 12 rebonds de leur Français.

Premier carton

Dépasser les 35 points dans l'un de ses cinq premiers matches ? Seuls Shaquille O'Neal et Michael Jordan y sont parvenus plus vite – 3e essai – que Wembanyama. Il aura fallu à ce dernier cinq rencontres pour ce premier pic : 38 points. À l'extérieur, chez un candidat aux sommets de la conférence Ouest, le Phoenix de Kevin Durant, tout en se montrant décisif. « Ça me donne envie d'aller plus haut, de battre tous les records », lance Wemby. Ce moment est précieux : c'est le seul où les Spurs afficheront un bilan positif (3-2). Les espoirs de play-offs sont toujours vivaces alors que les Spurs ont fini bons derniers à l'Ouest en 2023 (15e, 22 victoires).

Première déprime

Après le *very good trip*, la redescente est brutale. 18 défaites de suite. La chute semble inexorable. La pire série de leur histoire. Tout à coup, on se rappelle l'inexpérience de l'escouade la plus jeune de la ligue (23 ans et demi). On constate la bizarrerie et l'échec de l'expérimentation Jeremy Sochan, ailier-fort de formation, à la mène, ou de l'association Zach Collins-Victor Wembanyama, qui boute le Français hors de la raquette, sa zone de domination naturelle, l'incitant à tirer plus que de raison derrière l'arc. « Le plus grand nombre de défaites que j'ai subies ? Quand je jouais au foot », plaisantera Wemby pour les médias locaux, admettant sa difficulté dans un exercice dont il n'était pas coutumier : perdre et se montrer patient. San Antonio met fin à sa série le 16 décembre lors du premier duel entre Wembanyama et LeBron James, avec une victoire sur les LA Lakers (129-115, 13 points, 15 rebonds, 2 contres pour le Frenchy).

Première métamorphose

Le pied qui traîne d'un ramasseur de balle, à Dallas, a changé le cours de la saison de Wembanyama. Mal retombé sur le "ball boy" à l'échauffement d'un match qu'il ne disputera pas, Wemby doit dès lors respecter une restriction de temps de jeu. Repositionné dans la même période au poste de pivot, l'ancien Metropolitan 92 de Boulogne prend enfin le bon wagon. Sa productivité explose. Sur 10 matches, il score à un rythme infernal proche de 1 point par minute – 232 en 242 –, à 62,5 % à 2 points, tout en élevant son pouvoir de dissuasion (5,2 contres sur un temps de jeu extrapolé à 36 minutes). Wemby est mieux accompagné sur le parquet – par un vrai meneur, Tre Jones –, mieux servi. En transition, il distribue les caviars, balles dans le dos et passes aveugles. Le 28 décembre à Portland (118-105), il totalise 30 points (9/14), 6 rebonds, 6 passes et 7 contres en seulement 24 minutes. Il enregistre le 11 janvier à Detroit (130-108) son premier triple-double : 16 points, 12 rebonds, 10 passes, 0 balle perdue, en... 21 minutes.

« Quand tu fais des choses que la fraternité n'a jamais vues auparavant, c'est là que tu commences à poser ton empreinte. »

Kevin Garnett

Depuis les années 1950, seul Russell Westbrook avait compilé de tels chiffres plus vite – 20 minutes. « Je ne suis pas fan des Spurs, mais je les regarde pour voir leur "big fella", souffle Kevin Garnett. Quand tu fais des choses que la fraternité n'a jamais vues auparavant, c'est là que tu commences à poser ton empreinte. » Opposé au Minnesota de Rudy Gobert le 26 janvier, match-référence des Spurs cette saison (113-112), Wemby remporte son duel face à son futur coéquipier en bleu, et passe à l'ancien Choletais un "Shammgod" – dribble en lasso popularisé par Dejan Bodiroga. « Le jeu est de meilleure qualité. Cela se voit aussi sur les stats avancées, pas seulement dans le bilan victoires-défaites, constate Wemby en janvier. De mon côté, on a réussi à épurer mon jeu. »

Dans le duel des deux plus brillants jeunes talents, Wembanyama a gagné la bataille individuelle (Rookie de l'année), comme sur cette autoritaire envolée au cercle, mais Chet Holmgren a disputé les play-offs.

Premier – et dernier – "snub" au All-Star Game

Sans les résultats collectifs de sa formation (10-40 au 7 février), l'impressionnante dynamique statistique de Victor Wembanyama l'aurait porté au All-Star Game. « Ce qu'il réalise dans ce contexte collectif pas évident, avec un temps de jeu réduit, est dingue, note Nicolas Batum. En 36 minutes, il tournerait à des stats de All-Star confirmé… » Basketball Reference évoque des moyennes extrapolées à 26 points, 13 rebonds, 4 contres. Des chiffres supérieurs à David Robinson et Tim Duncan, précédents n°1 de draft des Spurs dans leur première année, couronnés pour chacun d'une première étoile au All-Star Game. À la différence que San Antonio avait réalisé des saisons à 56 victoires. « Je ne m'inquiète pas pour lui, sourit le capitaine des Bleus. S'il n'est pas All-Star cette année, ce sera la seule fois de sa carrière ! »

La dynamique texane s'inverse peu à peu, permettant aux Spurs de conclure leur exercice par sept succès lors de leurs onze dernières sorties – dont le tenant Denver – 121-120, 34 points et 12 rebonds pour Wemby –, New York ou Phoenix. San Antonio termine avec 22 victoires pour 60 défaites (14e à l'Ouest, 26e sur 30). Sa licorne empoche, malgré l'excellente saison de son rival Chet Holmgren (Oklahoma City), le titre de « rookie de l'année » à l'unanimité. Et l'effectif en cours de construction – arrivées de Chris Paul, agent libre, et du jeune meneur Stephon Castle, drafté 4e – présage d'un nouveau départ pour la fusée Spurs, vers une autre dimension.

Wemby est instantanément devenu une icône de la ville de San Antonio.

Des chiffres affolants

Sa première saison

71 matches

21,4 points
(46,5 % de réussite, 32,5 % à 3 points)

10,6 rebonds

3,9 passes

3,6 contres (n°1 en NBA)

3,7 balles perdues en 30 minutes

Le milliard

L'année 2023, marquée par sa draft et ses débuts en mondovision dans la ligue nord-américaine, a généré 1,3 milliard de vues ou engagements sur les réseaux sociaux pour Victor Wembanyama, seulement dépassé par les icônes Stephen Curry (1,6 milliard) et LeBron James (2,8). « Wemby » pourrait également, selon les projections, devenir le premier joueur à dépasser le milliard de dollars via ses engagements sportifs.

145 000

En dollars, la valeur d'une carte virtuelle (NFT) à son effigie émise par la société Sorare. À ce jour, seul LeBron James a vendu des items numériques à des montants plus élevés. Aujourd'hui, le NFT de Wembanyama en question est estimé à plus d'un million de dollars à la revente.

38

En inscrivant 38 points lors de son cinquième match seulement, à l'extérieur lors d'une victoire à Phoenix (132-121), Wemby a déjà réalisé la quatrième performance d'un Français en NBA (Tony Parker, 55 en 2008 ; Evan Fournier, 41 en 2022 ; Rodrigue Beaubois, 40 en 2010).

Wemby envers et contre tout

Non content de finir meilleur bloqueur de la saison NBA, le Français a ramené au goût du jour un mouvement très difficile qu'il a fait sien, le "snatch block" (littéralement, « block récupéré »).

Finir meilleur contreur de la NBA (3,6 blocks par match) pour son année rookie ne suffisait pas à Victor Wembanyama. L'intérieur des Spurs, attaché aux contres dans sa panoplie défensive – il en a réalisé 254 –, en a profité pour inventer un geste, qu'il accomplit ici aux dépens de Stephen Curry. Non content de repousser le cuir, le Français garde une conscience physique et mentale suffisante pour le faire de telle manière qu'il puisse au final conserver la possession de la balle, en refermant sa main telle un crochet sur celle-ci. Si des exemples de "snatch blocks" (« contres recouvrés ») – comme les Américains décrivent ce mouvement rare et très difficile à exécuter dans le feu de l'action – parsèment l'histoire de la NBA, Wemby en a fait une spécialité. Selon le site de statistiques avancées PBP, les Spurs ont récupéré un taux hallucinant de 68 % des ballons repoussés par le Frenchy cette saison. Unique.

Sur cette action, Wembanyama ne se contente pas de contrer Stephen Curry. Il récupère le cuir et la possession pour les Spurs.

3,6 **Sa moyenne de blocks par match, la meilleure de l'année en NBA. De quoi faire de Victor Wembanyama le troisième Spur à dominer la ligue aux contres en tant que rookie, après David Robinson et Tim Duncan.**

Gregg Popovich : « Un tempérament à la Tim Duncan »

Gregg Popovich s'est tenu à une longue période d'observation avant de déterminer comment optimiser l'utilisation de sa pépite française sur le parquet.

L'entraîneur qui a vécu sa 28e saison avec les Spurs (cinq titres) décrit Victor Wembanyama et les promesses qu'il incarne pour l'avenir.

« Pouvoir développer des jeunes comme Victor Wembanyama, m'assurer qu'ils débutent sur les bons rails est la partie la plus gratifiante de mon travail. Tout le monde sait qu'il est talentueux. Mais il ne s'agit pas juste de talent. Le premier titre de Michael Jordan est arrivé sa septième année. Nikola Jokic a remporté l'an passé sa première bague, et ça lui a pris huit ans. On a le droit d'espérer que cela aille plus vite pour Victor, mais on ne peut pas sauter les étapes. Ce qui est enthousiasmant avec lui est qu'il a un tempérament et un caractère à la Tim Duncan. Tu peux facilement le coacher, alors que souvent, les jeunes pensent tout savoir. Lui affiche une confiance certaine en ses capacités, mais est prêt à apprendre et écouter, sait appréhender le positif et le négatif.

« Il a une cible dans le dos »

Il joue pivot de plus en plus souvent, et beaucoup le voient comme ça car il est le plus grand sur le parquet, mais de nos jours, il n'y a plus de meneur ou de pivot à l'ancienne. Tout est interchangeable. Vous pourrez ainsi voir Victor isolé sur une aile, au block, impliqué dans un pick and roll central. Il sera parfois celui qui tient la balle sur cette option, ou la remontera après un rebond. Il fait de tout, ce qui est précisément ce que j'attends de lui. Il le veut aussi et a les aptitudes pour. Il a fallu vingt, trente matches pour voir où il se sentait le plus à l'aise, quelles étaient les choses évidentes à corriger. Il a dû s'adapter à la rugosité du jeu, car il a une cible dans le dos, tout le monde veut lui rentrer dedans. Il avait tendance à trop dribbler, parce qu'il est bon manieur de ballon. Il perd des balles à cause de ça, mais... comme tout le monde. Il a vite compris qu'il devait dribbler moins pour contrer la vitesse et l'impact athlétique de ses adversaires. On essaie d'établir des stratégies où il se rapproche du cercle. Sa carrière est embryonnaire, on travaille le shoot à 3 points, l'équilibre, la constance, en sachant que tout ça prendra du temps.

Nous aurions pu prendre un vétéran dès sa première année pour gagner plus de matches, tout de suite, mais cela ne nous aurait pas apporté un titre immédiatement et aurait été du temps gâché pour développer d'autres joueurs autour de Victor, comme Devin Vassell. Je veux que ce noyau évolue ensemble, que Victor grandisse avec eux. »

Tout ou rien

Douze Français ont foulé les parquets NBA en 2023-2024. Derrière la sensation Wemby, de vraies satisfactions... et des alertes disparitions.

Rudy Gobert (Minnesota Timberwolves)

La muraille

Le pivot (14 points, 12,9 rebonds et 2,1 contres) a fait de la tanière des Loups une maison bien gardée. Après 2018, 2019 et 2021, il a récolté son quatrième titre de meilleur défenseur, égalant le record partagé par Dikembe Mutombo et Ben Wallace. Le trophée est arrivé au cours des vingt-quatre heures les plus folles de la vie du Frenchy, à la fois en plein play-offs et à la maternité pour la naissance de son fils Roméo. Gobert a aussi atteint pour la première fois la finale de conférence (défaite 1-4 contre Dallas).

Nicolas Batum (LA Clippers puis Philadelphie 76ers)

Le coup de boost

Il avait un temps envisagé la retraite en 2024. Installé dans une routine aux LA Clippers, « Batman » a eu la surprise d'être transféré à Philadelphie en novembre. Un coup dur familial, mais au final une réussite sportive. Repositionné plus à l'aile, très complémentaire de Joel Embiid, il a vu son temps de jeu grimper de 18 à 26 minutes (5,5 points, 4,2 rebonds, 2,2 passes). Avant de prolonger sa carrière en signant à l'intersaison un nouveau contrat de deux ans... aux Clippers !

Bilal Coulibaly (Washington Wizards)

La révélation

Son statut de 7e choix de la draft 2023 en faisait un rookie attendu. Et lui qui, auparavant, jouait 18 minutes par match seulement en Betclic Élite avec les Metropolitans 92, a répondu présent, séduisant par sa polyvalence défensive et sa sobriété offensive (8,4 points et 4,1 rebonds en 27 minutes). Alors que le monde entier se moque de son coéquipier Jordan Poole, tout Washington est déjà conquis par Bilal Coulibaly.

Evan Fournier (New York Knicks puis Detroit Pistons et Olympiakos (GRE))

Retrouver le feu

14,1 points de moyenne, le record de 3 points inscrits en une saison aux Knicks : que la saison 2021-2022 de l'arrière semble loin. Bouté ensuite hors de la rotation new-yorkaise par le coach Tom Thibodeau, le Frenchy n'a connu que trois apparitions avec l'équipe avant d'être envoyé à Detroit. Au sortir des JO, sans offre de NBA véritablement enthousiasmante, il a choisi d'entamer un nouveau chapitre de sa carrière en retrouvant l'Europe. Direction la Grèce au sein d'un grand nom du continent : l'Olympiakos, pour lequel il s'est engagé deux ans. À son arrivée, il a été accueilli par une marée rouge, comme la coulée de lave d'un volcan en éruption. Des milliers de fans des Reds qui rêvent de détrôner le rival Panathinaïkos et de retrouver leur grandeur perdue (trois titres en 1997, 2012 et 2013). Ils comptent désormais sur Fournier pour leur montrer le chemin. Lui dit être venu pour « retrouver le feu ».

À son arrivée en Grèce, début septembre, plus de 3 000 fans de l'Olympiakos attendaient Evan Fournier.

Killian Hayes, Théo Maledon et Frank Ntilikina

Les bannis

Ces trois meneurs dans la force de l'âge ont été éjectés du grand bain de la NBA au printemps. Hayes, 7e choix de la draft 2020, malgré un temps de jeu important à Detroit (24 minutes), n'a toujours pas convaincu les Pistons. Ntilikina, seulement cinq matches avec Charlotte, a vu sa saison pourrie par une nouvelle blessure (fracture du tibia). Maledon – à Charlotte puis Phoenix – n'a pas su saisir sa chance. Leur point commun : la maladresse, shootant à moins de 39 %. À l'été, Ntilikina (au Partizan Belgrade) et Maledon (à l'Asvel) ont retraversé l'Atlantique, quand Hayes a préféré continuer de chasser son rêve américain.

Made in France, label d'excellence

Cinq Frenchies appelés, trois dans le top 10, deux (Zaccharie Risacher et Alexandre Sarr) aux deux premières places : la France a établi de nouveaux records lors de la draft.

Zaccharie Risacher (à gauche) et Alexandre Sarr (ci-dessus) ont fait de la France le premier pays hors États-Unis à placer deux représentants aux deux premières places de la draft.

Adam Silver patientera quelques secondes de plus. Alors que le grand patron de la NBA vient de prononcer le nom de Zaccharie Risacher comme premier choix de la draft, le Français (2,06 m, 19 ans) ajuste son costume, referme sa veste, prend le temps d'enlacer les membres de son clan familial. Et, avant de rejoindre l'estrade du Barclays Center, il rebrousse chemin, pour aller saluer deux autres prétendants de la cuvée 2024 : Alexandre Sarr (2,16 m, 19 ans) et Tidjane Salaün (2,05 m, 19 ans). Tous deux ne le savent pas encore, mais ils entendront Adam Silver les appeler quelques minutes plus tard seulement, respectivement en 2e et 6e positions. Ainsi, au crépuscule de la grand-messe américaine, quand l'Amérique s'endort, le basket français se réveille en se frottant les yeux pour être sûr de la nouvelle : pour la première fois dans l'histoire de la NBA, un pays hors États-Unis a placé deux représentants aux deux premières places. Autre fait inédit, la présence de trois joueurs dans le Top 10. Et troisième record, national celui-ci : cinq Frenchies sélectionnés, avec également Pacôme Dadiet (2,03 m, 19 ans), 25e choix, et Melvin Ajinça (2,03 m, 20 ans), 51e. Le *made in France* est tendance aux États-Unis, le *New York Times* évoquant même « une invasion de talents français en NBA ». Et Victor Wembanyama de poster ce message sur X : « C'est la France frère ! »

Génération(s) dorée(s)

Tony Parker avait montré la voie (28e en 2001), Wemby l'a élargie. En 2024, les prospects tricolores, complètement décomplexés, ne voient plus la NBA comme un doux rêve au bout du monde mais comme la prochaine étape de leur parcours. « Les générations actuelles sont déterminées dans leur objectif, pas simplement dans le rêve », a témoigné dans *L'Équipe* Guillaume Vizade, le sélectionneur des U20, champions d'Europe en 2023 et 2024.

Sur les trois dernières drafts, 13 Français (quatre en 2022, quatre en 2023, cinq en 2024) ont été appelés ! Les franchises US focaliseraient-elles leur attention sur l'Hexagone ? « À une époque, pour être drafté, il fallait faire une bonne saison complète en Europe. Aujourd'hui, les franchises ont trop peur de rater un talent. Avec Victor, les portes se sont carrément ouvertes », estime un ex-international. Un avis que ne partagent pas les scouts NBA, dont l'un rappelle que la ligue américaine a tout simplement des yeux partout sur la planète : « Elle ne regarde pas plus en France qu'ailleurs, elle regarde là où il y a du talent. S'il y avait cinq jeunes intéressants en Italie, elle drafterait cinq Italiens. Personne ne se fait drafter uniquement parce qu'il est Français. C'est une histoire de talent, et sur les dernières générations, il y en a énormément en France. »

Zaccharie Risacher et Tidjane Salaün : hier adversaires en Betclic Élite, aujourd'hui en NBA.

Guillaume Vizade peut confirmer : il a mené la génération 2004-2005 au titre à l'Euro U20 en 2024 en composant… sans les neuf éléments draftés (Wembanyama, Bilal Coulibaly, Rayan Rupert, Sidy Cissoko, et les cinq de cette année) !

En attendant Traoré ?

« Le système de formation français est arrivé à maturité, avec un brassage à deux têtes entre les structures fédérales et les centres de formation des clubs pros », analyse le technicien. Par ailleurs coach du Mans, il note aussi « l'intégration plus précoce » de ces jeunes dans le monde pro. Avec Wembanyama et Coulibaly issus de Boulogne-Levallois, Risacher de Bourg-en-Bresse et Salaün de Cholet, la Betclic Élite a été le tremplin pour quatre garçons choisis dans le Top 10 de la draft en deux ans !

Et la tendance du *made in France* semble avoir de beaux jours devant elle. « Ce n'est pas encore assez pour le basket français, déclarait Wembanyama, interrogé sur l'enchaînement de "first picks" issus de l'Hexagone. On peut être numéro 1 trois années de suite, pourquoi pas quatre ? » Exagéré ? Peut-être. Mais pour la cuvée 2025, Nolan Traoré est déjà annoncé dans le Top 5…

Heureux élus

Les cinq draftés

Zaccharie Risacher (1er choix, Atlanta), Alexandre Sarr (2e, Washington), Tidjane Salaün (6e, Charlotte), Pacôme Dadiet (25e, New York) et Melvin Ajinça (51e, Dallas, via New York). Cinq Français appelés lors d'une même draft, record égalé (avec 2016). C'est la première fois que quatre sont sélectionnés au premier tour.

La stat

52 Le nombre de Français draftés dans l'histoire. Le premier fut Jean-Claude Lefebvre en 1960, appelé… au 9e tour, en 64e position, par les Minneapolis Lakers.

Bronny James, au nom du père

Pour la première fois de l'histoire de la NBA, un père et son fils sont coéquipiers. Aux Lakers, Bronny a rejoint LeBron.

Depuis toujours, sa vie est extraordinaire, au sens premier. À 10 ans, ses highlights parcouraient la toile, les principales facs du pays se pressaient à sa porte. Son compte Instagram dépassait le million d'abonnés un jour après son ouverture. Avant même de jouer en NBA, il était multimillionnaire grâce à ses contrats publicitaires. Ainsi vit Bronny James, né en octobre 2004, quand LeBron, revenu bronzé des JO d'Athènes, démarrait sa deuxième saison NBA.

Le père s'était fixé un ultime objectif : fouler un parquet NBA avec son fils. L'affaire semblait loin d'être entendue en 2023. Le 24 juillet, Bronny subit un arrêt cardiaque à l'entraînement. Trois jours d'hospitalisation et des tests à n'en plus compter lui permettent de retrouver les terrains, le 10 décembre. « Le gamin a déjà gagné dans la vie, et tout le reste, à ce stade, n'est que du bonus », déclare alors le paternel.

Au final, pour sa première campagne NCAA, avec USC, Bronny aura disputé 25 matches, en sortie de banc : 4,8 points à 37 %, 2,8 rebonds et 2,1 passes en 19 minutes. Des stats insignifiantes, qui ne lui ont pourtant pas fermé les portes de la NBA. Au contraire, elles se sont ouvertes en grand, les LA Lakers utilisant leur 55e choix de draft pour sélectionner ce petit arrière athlétique (1,86 m). Bronny a signé pour quatre ans, LeBron a prolongé pour deux. Voici la prophétie des James réalisée. Quant au procès – justifié – en légitimité, Bronny a l'habitude : « J'ai été confronté à ça toute ma vie. C'est désormais amplifié, mais je m'en sortirai. »

Entre scepticisme et curiosité, rarement un second tour de draft avait autant attiré la lumière que Bronny James.

Curry-Ionescu, trois et trois font l'infini

Le meilleur shooteur de l'histoire et l'impétrante meneuse de New York ont disputé un inédit et inoubliable concours de tirs à 3 points lors du All-Star Game NBA.

3 747

Le nombre de tirs à 3 points convertis par Stephen Curry en carrière (42,7 %), ce qui en fait le leader dans l'histoire de la NBA. Il devrait briser la barre des 4 000 en 2024-2025.

Par leur duel et leur adresse folle, Ionescu et Curry ont redonné un nécessaire coup de punch au All-Star week-end.

En déshérence et perpétuelle recherche de renouvellement, le All-Star Game, une nouvelle fois rongé par l'ennui (victoire de l'Est face à l'Ouest sur le score ridicule de 211-186 – avec au total 168 tirs à 3 points tentés par les deux équipes –, un concours de dunks quelconque) a connu une éclaircie cette saison à Indianapolis.
Grâce au coup de génie viral d'un défi inédit lancé entre deux des figures les plus appréciées du jeu : le meilleur shooteur de l'histoire Stephen Curry, et la très populaire Sabrina Ionescu, que Kobe Bryant avait prise sous son aile du temps de ses années fac à Oregon (2016-2020). Une shooteuse d'exception qui, en cinq saisons, a fait tomber tous les records de la WNBA en matière de tir à 3 points. D'où l'idée d'une confrontation en sus du concours habituel, avec une ceinture de type champion du monde de boxe et le titre honorifique de meilleur shooteur longue distance en jeu. Chacun a shooté avec son ballon (les ballons féminins sont des taille 6), mais Ionescu a dégainé à distance réglementaire NBA (7,23 m contre 6,75 en WNBA).
Au terme d'un show au niveau d'excellence des deux protagonistes, sur un parquet de verre aux LED vert fluo, c'est finalement le meneur de Golden State qui a eu le dernier mot (29 à 26). La Californienne a totalisé un joli 18 sur 27, mettant la superstar des Warriors sous pression, le contraignant à finir par un 9 sur 10 (21/27 au final) pour faire la décision. Un moment pour l'histoire, alors que les deux snipers se sont affrontés dans un stade de foot US – celui des Colts – devant 35 000 personnes, les yeux du monde entier rivés sur eux.

Les stats

5,4

En millions, le nombre de spectateurs pour le concours entre Curry et Ionescu sur TNT, soit le pic de la soirée de samedi du All-Star Game, devant le concours traditionnel qui avait précédé, remporté par Damian Lillard.

37

Le nombre de points totalisé par Sabrina Ionescu, qui n'a manqué la cible que deux fois lors d'une série dans le concours à 3 points de la WNBA. Un record pour la joueuse du New York Liberty, hommes et femmes confondus, réalisé à l'été 2023. Stephen Curry détient la deuxième marque avec 31 en 2021.

Jerry West

Plus qu'un logo

Arrière puis dirigeant de génie, l'homme qui a inspiré le logo de la NBA est décédé à 86 ans.

Recordman

1679

Jerry West est le meilleur marqueur de l'histoire des NBA Finals.

Le Top 5	Nombre de points aux Finals	Nombre de matches
1. Jerry West	1679	55
2. LeBron James	1562	55
3. Kareem Abdul-Jabbar	1317	56
4. Michael Jordan	1176	35
5. Elgin Baylor	1161	44

Petite histoire d'un grand logo : celui qui est l'image de la NBA, depuis plus d'un demi-siècle, a été dessiné par Alan Siegel. Sans modèle, mais avec une inspiration : une photo d'un de ses héros, Jerry West. Un honneur que le principal intéressé, personnage aussi humble que tourmenté, a toujours accueilli avec sa discrétion habituelle.
« C'est flatteur, mais je préférerais que ce ne soit pas moi », aimait-il à répéter. « Jerry n'était pas à l'aise avec le fait d'être connu comme "Le Logo". Il estimait que le logo devait représenter quelque chose de plus grand que lui, commentera à son décès le 12 juin 2024 Adam Silver, le patron de la NBA. Du Jerry tout craché ! »
Avant de devenir « The Logo », West fut « Mister Clutch ». L'un des meilleurs arrières de l'histoire de la NBA, sans contestation possible. Attaquant dévastateur (numéro 1 aux points en 1970 et passes en 1972), défenseur redoutable (cinq fois élu dans les meilleures équipes défensives). Quatorze saisons en carrière, toutes passées aux LA Lakers, où son numéro 44 a depuis été retiré, et toutes auréolées d'une sélection All-Star ! En cumul (25 192 points, 5 366 rebonds, 6 238 passes) comme à la moyenne par match (27,0 points, 5,8 rebonds, 6,8 passes), du très grand art. Les Celtics et les Knicks ont largement contribué à réduire son palmarès. West a échoué huit fois en finale et reste le seul joueur ayant été élu MVP des Finals (en 1969) dans une équipe perdante. Il a tout de même remporté le titre, en 1972.
Par la suite, comme scout, puis GM, consultant, pendant plus de quatre décennies, aux Lakers, Grizzlies, Warriors et Clippers, il a fait et défait des équipes, et la NBA avec, contribuant à écrire ses plus belles pages : l'éclosion du Showtime à Los Angeles autour de Magic Johnson, la draft de Kobe Bryant et l'arrivée de Shaquille O'Neal aux Lakers en 1996, la transformation expresse des Grizzlies en une équipe de play-offs, la dynastie Warriors, le duo Paul George-Kawhi Leonard aux Clippers... À chaque fois, il était là, en coulisses. À la clé, huit nouvelles bagues : six aux Lakers (1980, 1982, 1985, 1987, 1988, 2000) et deux aux Warriors (2015 et 2017).
Respecté de tous, l'homme a même été intronisé à trois reprises au Hall of Fame. En 1979, pour sa brillante carrière de joueur ; en 2010, pour sa présence au sein de l'équipe américaine championne olympique à Rome en 1960 ; enfin, en 2024, pour sa contribution au jeu. Jerry West, bien plus qu'un logo.

« C'est flatteur, mais je préférerais que ce ne soit pas moi. »

Jerry West à propos du logo de la NBA

Bill Walton

Légende à part

Basketteur unique par son jeu autant que sa personnalité, l'ancien champion avec Portland puis les Celtics a été emporté par un cancer.

Des hommages unanimes reçus par Bill Walton quand la nouvelle de sa disparition, à 71 ans des suites d'un long combat contre le cancer, a fait le tour du monde le 27 mai 2024, peu se sont concentrés sur sa carrière NBA. C'est qu'au-delà d'un palmarès aussi long que sa crinière bouclée – double champion NBA, en 1977 avec Portland qui l'avait drafté n°1 en 1974, puis en 1986 avec Boston, MVP 1978, double champion NCAA avec UCLA en 1972 et 1973 –, le natif de La Mesa (Californie) a surtout marqué par sa personnalité avenante, généreuse, pleine d'autodérision et prenant toujours la vie par son versant positif.

Dans la vie comme sur le parquet, où il était un pivot dominant, il préférait jouer pour les autres. « Il aurait pu marquer 50 points par match mais préférait aller au rebond, faire courir ses arrières et regarder combien de passes il avait sur la feuille de stats », conte Bill Center, journaliste l'ayant suivi au lycée. À Boston, qui lui a, comme les Blazers, rendu hommage lors de la finale NBA, il aimait s'appeler « le valet de Larry Bird », alors qu'il fut l'un des plus précieux éléments du titre en 1986, dans un rôle de sixième homme.

Grand fan du Grateful Dead, Walton trimbalait sa carcasse de 2,11 m sur une bicyclette, son moyen de transport fétiche. Des douleurs insupportables au dos avaient instillé en lui des pensées suicidaires en 2008, racontera-t-il dans sa biographie. Élevé dans le comté de San Diego par des parents militants et humanistes, il fut un jour arrêté sur le campus de UCLA pour avoir manifesté contre la guerre du Vietnam.

En NBA, il était l'un des rares joueurs blancs à s'exprimer contre les discriminations raciales.

Après avoir surmonté un bégaiement chronique à l'âge de 28 ans, Walton, dont la carrière fut altérée par les blessures, est aussi devenu l'une des voix les plus marquantes des retransmissions sportives, où il se lançait régulièrement dans des monologues cultivés, parfois seulement intelligibles de lui-même, mais inoubliables.

Des sites de fans listent ses citations les plus profondes – ou cocasses. Il appelait Boris Diaw « Beethoven », saupoudrait chaque intervention d'humour et de bienveillance. « Le monde paraît tellement plus lourd sans lui, aujourd'hui, a témoigné Kareem Abdul-Jabbar. Bill était un joueur féroce, mais surtout, en dehors du terrain, il n'était pas heureux à moins de faire tout ce qu'il pouvait pour rendre tout le monde heureux autour de lui. Il était le meilleur d'entre nous. »

« On sous-estime son intelligence »

David Kahn, le président du Paris Basketball, natif de Portland, à qui Bill Walton a offert le titre en 1977, a bien connu le pivot des Blazers.

« J'allais avoir 16 ans quand il a apporté le titre à Portland. J'avais eu la chance de voir 30 matches l'année du titre. Le jour suivant leur succès sur Philadelphie, nous avons quitté le lycée en avance avec un ami pour la parade des champions. Une des plus fameuses histoires est que quelqu'un a volé son vélo. Mais quand le bruit s'est répandu qu'il s'agissait du vélo de Bill Walton, les voleurs l'ont ramené. J'ai ensuite travaillé avec lui dans ma première année de droit. J'avais un job chez NBC. Comme consultant, il avait déjà cette manière unique de dire ce qu'il pensait. On avait beaucoup en commun, entre UCLA, Portland et NBC. On est devenus amis et il était aussi proche de mon père et mon oncle dont il s'occupait quand il les croisait, notamment lors des Final Four NCAA. À Indiana, en 2001, je l'avais engagé pour travailler avec nos intérieurs, et la seule chose qu'il avait exigée était qu'on paie le transport de son vélo *(rire)*. Il était altruiste dans tout ce qu'il faisait, et l'une des personnes les plus authentiques et spéciales que j'ai connues. Ces termes, d'ailleurs, ne lui rendent pas justice. Il était plus. On sous-estime son intelligence et son ouverture d'esprit. Il lisait le *New York Times* tous les jours, était très "politique". Sa disparition est une tragédie, et aujourd'hui, pour moi, cela ne semble toujours pas réel. »

David Kahn, adolescent, a idôlatré Bill Walton, avant de l'engager des années plus tard à Indiana.

Euroligue – Le Panathinaïkos au 7e ciel

En renversant le champion madrilène en finale,
le club hellène, dans les tréfonds un an plus tôt, a accroché sa septième étoile et restauré sa place sur l'échiquier européen.

Panathinaïkos, le nouveau règne

Treize ans après leur dernier titre européen, les Greens ont inversé le cours du temps et dominé le Real pour coiffer leur septième couronne.

Palmarès

Les dix derniers vainqueurs

2024	Panathinaïkos	**2019**	CSKA Moscou
2023	Real Madrid	**2018**	Real Madrid
2022	Efes Istanbul	**2017**	Fenerbahçe
2021	Efes Istanbul	**2016**	CSKA Moscou
2020	Annulée (pandémie)	**2015**	Real Madrid

Kendrick Nunn (ci-dessus) avait connu les ambiances en NBA, mais rien de comparable à la marée verte des fans athéniens.

L'explosion est à la hauteur du silence et du vide qui étaient devenus le quotidien du Panathinaïkos depuis treize ans. Sur le parquet de Berlin, dans une Uber Arena presque entièrement acquise à sa cause, un volcan vert est entré en éruption, ses coulées de lave nourries par les shoots de Kostas Sloukas (24 points), les dunks et cris de rage de Mathias Lessort (17 points, 6 rebonds), ainsi que l'ultime flèche de Dinos Mitoglou, qui ont fini par envoyer le Real Madrid de Fabien Causeur, Guerschon Yabusele et Vincent Poirier dans les cordes pour de bon (86-76 à la 37ᵉ, 95-80 au final).
Le buzzer retentit. Dimitrios Giannakopoulos, l'explosif propriétaire des Greens, exulte, chemise ouverte. Les joueurs s'enlacent et forment une ronde jubilatoire. L'Olympiakos était le plus proche du sacre ces dernières années ? C'est le Panathinaïkos, l'autre institution hellène, le rival éternel, qui est allé le décrocher. Face au tenant madrilène, qui semblait intouchable après avoir régné sur la saison régulière, les Grecs ont coiffé une septième couronne continentale. La première depuis la bande à Dimitris Diamantidis et Nick Calathes, en 2011 à Barcelone. Sans doute la plus surprenante de son histoire, à l'image d'une finale où il est revenu de l'enfer. Le Real avait débuté par un feu d'artifice, passant 36 points en premier quart (36-26). Il fut muselé en deuxième mi-temps (26 unités), puis crucifié par le cerveau Kostas Sloukas.

Une métamorphose spectaculaire

Un scénario imprévisible, après un quart de finale difficilement remporté contre Tel-Aviv (après avoir été mené 1-2), pour un colosse du basket européen qui, un an plus tôt, était d'argile. En 2022-2023, le Pana jouait son dernier match à domicile d'Euroligue de la saison début avril dans une OAKA Arena vidée de sa substance et de ses supporters – à peine 4000 sur une capacité de 18000 – et s'inclinait tristement face à Berlin, cancre de l'élite (84-88). Il avait achevé sa campagne à l'avant-dernière place, 17ᵉ (11 victoires, 23 défaites).
Dimitrios Giannakopoulos n'en pouvait plus. Le boss a ressorti le carnet de chèques et initié l'une des plus spectaculaires métamorphoses que le basket européen ait connues. Aligner les dollars et additionner les talents n'a rien d'une garantie. Le Panathinaïkos a pourtant réussi l'impensable. Les stars – Kendrick Nunn, venu de NBA, Mathias Lessort, pivot de l'année avec le Partizan Belgrade, Sloukas, ex-leader vexé d'Olympiakos, qui a fini MVP du Final Four… – ont été empilées sans savoir où elles allaient en début d'exercice. Et il a été demandé à Ergin Ataman, après deux titres avec Efes Istanbul (2021, 2022), d'être le bras armé du miracle. « Ce titre est différent car quand tu penses où on était l'an passé… », se remémore l'intérieur Dinos Mitoglou, qui, membre du Pana de 2017 à 2021 et à nouveau Green depuis 2023, a connu mieux que personne les années de purgatoire. « Quand on s'est réunis le premier jour, et qu'Ergin Ataman a dit : "On va gagner l'Euroligue", personne n'y a cru une seconde. Beaucoup ont dû rire à cette évocation, comme nous. Mais il nous a fait croire en notre destin. Et dix mois plus tard, nous y voilà. »
En huit finales d'Euroligue, le Panathinaïkos n'en a perdu qu'une, en 2001. Désormais, seuls le Real (11 titres) et le CSKA Moscou (8) le devancent à un palmarès qu'il compte bien continuer d'étoffer la saison prochaine.

La stat

0 Depuis l'instauration du nouveau format de l'Euroligue en 2016, aucune équipe classée première de la saison régulière n'est parvenue à s'imposer au Final Four.

Lessort sur ressorts

Le pivot international français, désigné dans le cinq référence de la saison d'Euroligue, a été un acteur majeur du renouveau des Greens.

« Mathias était la clé de l'équipe que je voulais bâtir. »

Ergin Ataman, entraîneur du Panathinaïkos

Il erre sur le parquet de la Uber Arena de Berlin, éberlué, son fils dans les bras, les larmes inondant ses joues malgré lui. Quelques minutes auparavant, Mathias Lessort faisait déjà les cent pas, se tenant la tête entre les mains. Le buzzer avait retenti. Il était champion d'Europe, pièce majeure d'un Panathinaïkos que personne n'aurait imaginé toucher le graal cette saison.

Un parcours à son image, comme il le contait à la sortie. « C'est fou. Je viens d'une petite île, la Martinique, d'un village, Morne-Vert, où on ne savait pas ce qu'était l'Euroligue. Le sens de ce que j'ai accompli, c'est de montrer à tous que nous pouvons y arriver. Venir de là et être tout en haut de l'Europe, je n'arrive pas à réaliser. Je repense à tout ce que j'ai vécu jeune. Toutes les galères, les personnes qui m'ont aidé, celles qui n'ont pas cru en moi aussi… C'est une dinguerie. »

Une folie nourrie et rendue possible par les progrès fulgurants du natif de Fort-de-France, pivot de petite taille (2,06 m, 29 ans) mais bondissant, au jeu électrique et à l'énergie communicative, qui a régné sur le premier Final Four de sa carrière. Au point que beaucoup l'avaient choisi comme MVP du dernier carré (Kostas Sloukas a raflé la distinction). L'ancien joueur du Partizan Belgrade, désigné dans le meilleur cinq de la saison en 2023 et en 2024, n'en avait pas grand-chose à faire, face au bonheur de soulever le trophée ultime. « Kostas m'a volé le MVP ! Mais non, je rigole, je rigole », lançait-il avant de pouffer de rire.

Lessort s'envole vers le panier malgré Walter Tavares lors de la finale de l'Euroligue.

Un titre en guise de revanche

L'été dernier, débaucher Lessort du Partizan avait été le premier choix fort d'Ergin Ataman dans la reconstruction du Panathinaïkos. « Il était la clé de l'équipe que je voulais bâtir. Pour son agressivité, l'énergie qu'il déploie. Ce n'est pas un pivot classique. Il a autre chose : ses qualités athlétiques et sa façon de se battre à chaque instant. Je serais juste heureux s'il pouvait améliorer sa réussite aux lancers », riait le coach turc après la victoire contre Fenerbahçe en demie (73-57) avec un double-double de son Français (17 points, 10 rebonds, 5 lancers ratés).

L'ancien produit de la formation châlonnaise, passé par Nanterre, avant de découvrir l'Euroligue avec l'Étoile Rouge de Belgrade (2017), puis de poursuivre sa montée en puissance à Malaga et Monaco, a ensuite totalisé 17 points, 6 rebonds et la bagatelle de 10 fautes provoquées (7/10 aux lancers francs) en finale face aux champions en titre du Real.

Un aboutissement au goût de revanche, après avoir notamment été lâché par Monaco faute d'accord financier suivant le titre en Eurocoupe en 2021. « J'ai toujours cru en moi, su que je pouvais faire de grandes choses. Quand j'ai découvert l'Euroligue (à l'Étoile Rouge), j'avais 21 ans, dans un environnement difficile. J'ai bien joué sur la première partie de saison, et ensuite, ils ont signé un nouvel intérieur et mes minutes ont diminué. Les gens ont cessé de croire en moi, je voulais prouver à tous ceux qui disaient, même cette saison, que je n'étais pas assez bon pour être le pivot d'une équipe candidate au titre. J'entendais que je n'étais pas un pivot d'Euroligue, mais d'Eurocoupe. C'est terminé. Je suis champion maintenant ! »

Kostas Sloukas

Néo Kill Bill

Passé d'Olympiakos au rival Panathinaïkos, Kostas Sloukas a livré une finale parfaite pour offrir à l'équipe au trèfle sa septième couronne.

De sa diabolique patte gauche, Sloukas déclenche son tir devant Facundo Campazzo, impuissant.

Il était parti colère, faisant trembler les murs du stade de la Paix et de l'Amitié, l'antre brûlant d'Olympiakos. Puis du rouge, est passé au vert. Les Reds n'avaient pas cru bon de faire le maximum pour conserver leur guide ? Kostas Sloukas est allé voir ailleurs, non loin, à l'OAKA de l'ennemi juré du Panathinaïkos.
Et il a suffi d'une saison au meneur grec (1,90 m, 34 ans) pour guider au sommet une équipe en déshérence depuis des années, qui a tout changé à l'été 2023 à grand renfort de billets verts. Véritable cerveau du jeu européen, bourreau de Monaco lors du quart de finale 2022 et toujours à la baguette quand Olympiakos a éliminé le club du Rocher en demi-finale 2023, Sloukas a livré une finale de génie, en sortie de banc. Une leçon à la galerie de stars du Real Madrid pourtant tenante du titre, mêlant agressivité (7 fautes provoquées), distribution (3 passes), et une précision clinique au tir (6 sur 6 dont 4/4 à 3 points, 8/9 aux lancers francs) dans les moments clutch, digne de Vassilis Spanoulis. Son hyperactivité (31 d'évaluation), et notamment deux flèches létales au cœur du money-time (de 73-71 à 79-71 pour les siens à la 35e), ont permis le come-back puis la victoire finale des Greens. Sloukas a fini avec 24 unités (son record sur un Final Four), empochant son quatrième titre européen au terme de son... onzième Final Four ! Sa demi-finale plus discrète (4 points, 2 rebonds, 3 passes) ne l'a pas empêché d'être désigné MVP du Final Four.

La stat

4 Quadruple vainqueur de l'Euroligue, Kostas Sloukas est seulement le deuxième joueur, après Sarunas Jasikevicius, à atteindre cette marque avec trois équipes différentes (Olympiakos 2012, 2013, Fenerbahçe 2017, Panathinaïkos 2024).

Ergin Ataman

L'inénarrable

Après son doublé avec Efes, l'entraîneur du Panathinaïkos et sélectionneur de la Turquie a mené les Greens sur le toit de l'Europe dans son style inimitable et provocateur.

De la démission au Panthéon, il n'y a qu'un pas. Ergin Ataman avait juré ses grands dieux que si le Maccabi Tel-Aviv, en tête 2-1 en quart de finale, éliminait son Panathinaïkos, il quitterait les Greens sur-le-champ. Son équipe, pourtant montée de toutes pièces moins d'un an plus tôt, a frôlé le précipice. Mais, exaltée et sublimée par le caractère et la confiance de son nouveau patron sur le banc, qui lui promettait le Final Four dès le premier entraînement, bien aidée aussi par la blessure de Wade Baldwin chez son adversaire, elle a réalisé le come-back espéré puis est allée jusqu'au bout.
Personnalité aussi unique que clivante dans le milieu, accusant les arbitres de corruption ou de collusion (en l'occurrence il avait cru déceler un lien entre l'arbitrage de sa série contre le Maccabi Tel-Aviv et le conflit entre Israël et le Hamas), criant sur les toits depuis des années son potentiel pour entraîner en NBA, critiqué parfois par ses propres joueurs pour un supposé manque de finesse tactique, Ergin Ataman n'en a cure, a toujours quelque chose à dire, et son palmarès pour parler à sa place.

« Merci Giannis ! »

Il reste l'unique coach à avoir remporté toutes les Coupes d'Europe de la C1 à la C4, et a remporté trois des quatre derniers trophées continentaux de l'époque post-Covid. Alors, à la sortie, le natif d'Istanbul (58 ans) ne s'est pas gêné pour une nouvelle sortie médiatique tonitruante et pleine d'humilité : « On a réalisé l'un des résultats les plus incroyables de l'histoire du basket européen.
Le Panathinaïkos revient au sommet alors qu'il était 17e l'an dernier. Merci aussi à Giannis Antetokounmpo, qui m'a félicité et est venu me dire après la rencontre que j'étais le meilleur coach du monde. Venant d'un double MVP de la NBA, cela me rend très fier. Car il n'a pas dit "d'Europe", mais bien "du monde". Alors… Merci Giannis ! »

La stat

6 Le nombre de Coupes d'Europe remportées par Ergin Ataman : trois Euroligues (Efes Istanbul 2021, 2022, Panathinaïkos 2024), une Eurocoupe (Galatasaray 2016), une Saporta (Sienne 2002), une Eurochallenge (Besiktas 2012).

Monaco, un point c'est tout

La Roca Team est passée à côté d'un deuxième Final Four de rang pour une défaite in extremis (79-80) lors du match 5 décisif contre Fenerbahçe.

> **« Avoir fait trois fois de suite les play-offs et fini 3e de la phase régulière sont des accomplissements énormes. »**
>
> **Oleksiy Yefimov**

Élie Okobo (ci-dessus) a tenté de forcer la décision en jouant lui-même les ultimes possessions. Sans réussite.

Mike James (à gauche) contenu tout au long de la série par Nick Calathes.

L'adage veut que le haut niveau soit affaire de détails. Monaco en a fait l'amère expérience en ce 8 mai. Un point, après prolongation (79-80), au bout du match 5. Une poussière. Mais celle-ci a fait toussoter la mécanique monégasque – trois quarts de finale en autant de participations à l'Euroligue –, lui barrant la route d'un deuxième Final Four de suite après le douloureux bizutage de Kaunas, en 2023 (défaite en demie contre Olympiakos, 62-76).

Dommage. Les hommes de Sasa Obradovic avaient ramené de Turquie, dans le chaudron jaune de l'Ulker Arena, un succès d'anthologie, chef-d'œuvre de défense et d'abnégation malgré l'absence de John Brown (65-62 lors du match 4), pour survivre et gagner le droit d'un épilogue à l'ombre rassurante de leur Rocher. Celui-ci a tourné court. L'ASM avait encore les cartes en main à une poignée de secondes de la fin du temps supplémentaire (77-74, 44e). Moment choisi par Nick Calathes (14 points) – bourreau mais aussi futur joueur de Monaco – pour frapper par deux fois à 3 points, au nez et à la barbe de Mike James, en retard en défense sur les deux possessions les plus clutch de la saison.

Le meneur grec était définitivement le grand homme d'une série où il avait muselé James par sa défense harassante. Le lutin monégasque sortait, à 34 ans, de la meilleure saison de sa carrière, la plus stable émotionnellement, la plus efficace statistiquement (18,7 points, 38 % à 3 points, 5,1 passes). Décisif à de multiples reprises sur les fins de matches au couteau, James a vu sa superbe campagne consacrée par une distinction de MVP qui l'avait fui jusqu'ici.

Mais, perturbé par un souci au dos – comme il l'avouera plusieurs semaines après l'élimination –, le natif de Portland a vu ses moyennes tomber (13 points, 31 % à 3 points, 4,8 passes) face à la pression de son ancien coéquipier du Panathinaïkos.

Malgré ses 20 points à 6/12 au tir, MJ n'a – étrangement ? – pas vu les derniers ballons, joués par Élie Okobo. L'arrière international réalisait un match solide (15 points à 6/9, 0/5 à 3 points), et avait permis aux siens d'accrocher la prolongation sur plusieurs inspirations offensives cruciales. Il a néanmoins cafouillé et égaré un dernier ballon, qui scellait le succès turc.

Au terme d'une saison qu'il serait sévère de juger ratée, il était difficile, pour autant, de ne pas être déçu. « Avec une telle compétitivité dans une épreuve où le niveau augmente chaque année, avoir fait trois fois de suite les play-offs et fini 3e de la phase régulière (23 v., 11 d.) sont des accomplissements énormes », relativise Oleksiy Yefimov, manager général et grand artisan de la trajectoire sportive fulgurante de l'ovni monégasque depuis une décennie. « Il était important de montrer qu'on est capables d'être constants sur la plus grande scène. »

Le destin de la Roca Team reste suspendu à l'obtention d'une licence de membre permanent. Elle en a formulé une demande officielle à l'Euroligue, promettant la sortie de terre future d'une nouvelle salle d'envergure. Sans ce sésame, le moindre faux pas – ne pas se qualifier en play-offs par exemple – suffirait à la voir reléguée dans le bac à graviers de l'Eurocoupe.

En feu

Hayes-Davis, 50 de température !

Ce n'est pas arrivé contre Monaco en quart de l'Euroligue, mais l'ailier de Fenerbahçe a connu un coup de chaud historique le 29 mars. Nigel Hayes-Davis (2,03 m, 29 ans), qui affiche une moyenne de 10,8 points, va totaliser 50 points à domicile lors d'une balade face à Berlin (103-68). Dans le détail : 9/11 à 2 points, 9/16 à 3 points, 5/7 aux lancers, en 29 minutes et 56 secondes. Nouveau record de la C1 détrônant les 49 unités de Shane Larkin en 2019.

Euro-Cocorico

Pour la première fois de l'histoire, la finale d'Eurocoupe (C2) a opposé deux clubs tricolores, Paris triomphant de Bourg-en-Bresse.

« Ce titre symbolise une ascension météorique du Paris Basketball. »

Tuomas Iisalo

Tout au long de la saison, Bourg-en-Bresse et Paris (en photo, Zaccharie Risacher et T. J. Shorts) ont régné sur l'Eurocoupe.

Une finale 100 % tricolore sur la scène continentale, le basket français avait déjà connu : Nanterre vainqueur de Chalon-sur-Saône en 2017. Mais c'était la FIBA Europe Cup, la C4. En 2024, Paris et Bourg-en-Bresse ont rallié les sommets de la C2. « C'est très bien pour le basket français » s'est félicité Freddy Fauthoux, l'entraîneur de la JL. « Qui l'aurait cru il y a encore quelques années ? » demandait sur X l'ex-international Léo Westermann. Depuis la création de l'Eurocoupe en 2002 jusqu'en 2023, seuls deux représentants du championnat de France avaient atteint la finale : Strasbourg (battu en 2016 par Galatasaray) et Monaco (vainqueur de Kazan en 2021). Et Westermann d'ajouter : « Domination totale dans les phases de poules et dans les matches à élimination. Bravo à Bourg et Paris ! »
22 victoires, une seule défaite (le 21 novembre, en poule, contre Besiktas) : le Paris Basketball a signé le meilleur bilan de l'histoire de la compétition. De son côté, la JL Bourg a elle aussi terminé première de son groupe, avant notamment de mater le Besiktas Istanbul en demi-finale. Logiquement, les deux équipes ont trusté les récompenses individuelles : T.J. Shorts MVP, Tuomas Iisalo meilleur entraîneur, Zaccharie Risacher meilleur jeune. Dans l'équipe-type, Isiaha Mike côté burgien, Shorts côté parisien, avec son acolyte Nadir Hifi dans le deuxième cinq.

La stat

6

Paris est le sixième club du championnat de France à remporter une Coupe d'Europe. Il succède à Limoges (Euroligue 1993, Korac 1982, 1983, 2000, et Coupe des Coupes 1988), Orthez (Korac 1984), Nancy (Korac 2002), Nanterre (Eurochallenge 2015 et FIBA Europe Coupe 2017) et Monaco (Eurocoupe 2021).

Opposition de styles

Avec 97 points de moyenne, l'attaque parisienne fut la plus dévastatrice. Avec 76,8 unités encaissées, la défense burgienne a mis au pain sec ses adversaires. Au-delà d'une opposition de styles, la finale a mis en lumière deux clubs en pleine ascension aux fondations bien différentes. D'un côté, 87 ans d'histoire à Bourg contre 6 à Paris, club né en 2018, propriété de dirigeants américains (David Kahn et Eric Schwartz) qui, nourris par le modèle NBA, voient le sport comme un business et ont basé leur stratégie sur l'arrivée de l'Adidas Arena (8 000 places). La capitale est profilée pour le grand monde, attendue depuis des années par l'Euroligue, au contraire de la JL et sa salle de 3 500 places dans une ville de 40 000 âmes.
Pour la première levée, à l'Adidas Arena, le favori parisien a croqué la JL (77-64). Au match 2, à Ekinox, plus de suspens, un même vainqueur (89-81). « Ce titre symbolise une ascension météorique du Paris Basketball. Je ne sais pas s'il y a déjà eu un équivalent dans l'histoire du basket européen », s'interrogeait Iisalo, qui ne sera pas là pour accompagner l'équipe en Euroligue, débauché par Memphis (NBA) pour un job de premier assistant. Son confrère, Fauthoux, sortait déçu mais fier de voir la JL aux côtés de trois mégalopoles dans le carré final (Paris, Istanbul, Londres) : « Arriver jusque-là assoit la réputation de ce club et consacre le chemin parcouru ces dernières années. Ça, au moins, on l'a gagné. » Et avec cette finale, c'est tout le basket français qui a envoyé un message à l'Europe.

France – Intouchable Monaco

Déjà sacré en 2023, Monaco a conservé son titre en 2024,
à l'issue d'une campagne dominée de la tête et des épaules.

Des points de vente partout en France
MONACO
55
PARIS
3
snipes
FINALES

Une classe d'écart

Monaco a remporté la Betclic Élite pour la deuxième année de rang, au terme d'une saison ayant souligné le monde qui sépare aujourd'hui le club du Rocher de la concurrence.

Alexey Fedorychev, l'homme à l'écharpe, est le puissant président de Monaco (ici avec John Brown et Alpha Diallo).

Dimanche 9 juin dans le salon VIP de l'Adidas Arena. Alors que Monaco a repris les commandes de la finale, écrasant le match 3 (88-59), Tuomas Iisalo, l'entraîneur de Paris, discute avec Mike James, la star monégasque. « Je lui ai dit qu'ils étaient impressionnants quand ils étaient aussi concentrés », raconte le coach, qui déclare « n'avoir jamais coaché contre une aussi forte équipe ». Il ne croit pas si bien dire.
Soixante-douze heures plus tard, dans la même salle, Monaco frappe encore plus lourdement : 19-0 pour démarrer et une victoire de 39 points (105-76) pour valider son doublé dans le championnat de France. Deux claques comme illustration de la différence entre une des meilleures équipes d'Euroligue et le vainqueur quasi hégémonique de l'Eurocoupe. En pleine saison, Amara Sy, directeur sportif de Paris, ne disait pas autre chose : « Aujourd'hui, il y a un monde d'écart entre Monaco et nous. » Allons plus loin : entre Monaco et tous les autres.

Sorties de route

La puissance financière de la Roca Team est sans équivalent dans l'Hexagone. 13,1 M€ de masse salariale en 2023-2024, très loin devant l'Asvel (7,2 M€) et Paris

« Aujourd'hui, il y a un monde entre Monaco et nous. »

Amara Sy, directeur sportif de Paris

(2,9 M€). « Ce n'était pas une année simple et ce n'est pas facile non plus de réaliser un doublé », intervient Sasa Obradovic, le coach de l'armada monégasque. Avec des arguments : la difficulté de gérer les ego (Élie Okobo fut un temps suspendu pour violation des règles internes), le calendrier (88 matches officiels cette saison), le risque de décompression une fois terminée la campagne d'Euroligue – le premier objectif du club.
Le rythme infernal peut en partie expliquer les deux sorties de route lors des demi-finales des Coupes nationales, le 17 février contre Paris à la Leaders Cup puis le 17 mars contre Strasbourg en Coupe de France. « Nous sommes vidés, j'ai l'impression d'avoir des fantômes en face de moi », décrivait Obradovic ce soir-là. Après avoir laissé échapper ces deux trophées, l'élimination aux portes du Final Four d'Euroligue (match 5 de son quart de finale) aurait pu faire dérailler le groupe à l'approche des play-offs LNB. Il n'en fut rien.

Son propre ennemi

Régnant sur la saison régulière (29-5), l'équipe de la Principauté a ensuite prouvé dans les phases finales sa détermination à conserver son titre. Si elle avait signé un bilan immaculé lors des play-offs 2023 (8-0), elle a cette fois subi deux revers, à domicile, lors des matches 2 contre Bourg en demie et Paris en finale. Sans rien enlever à la prestation de ces deux équipes, ces deux rencontres, plutôt que des failles sur le Rocher, ont montré que, dans le championnat, Monaco était son propre et principal ennemi.
Contre Bourg ? « Les têtes ne sont pas là, personne n'est concentré, a pesté Obradovic en ce week-end de Grand Prix de F1 en Principauté. On joue un match et on se demande où on sera placé pendant la course, ce qu'on va manger après. » Contre Paris ? Même problème d'« arrogance », dixit le coach : « On se disait qu'on ne pouvait pas perdre. » Et ces deux rappels à l'ordre ont engendré la même réplique : deux victoires de rang en terres ennemies, à Ekinox puis à l'Adidas Arena, pour rappeler la hiérarchie.
Monaco a par ailleurs maîtrisé les play-offs malgré une infirmerie bien remplie, devant composer sans Mike James (hanche) jusqu'au troisième match contre Bourg, sans Mam Jaiteh (nez) avant le quatrième, tandis que ses deux meilleurs intérieurs, Donatas Motiejunas (cheville) et John Brown (épaule) n'ont pas joué de la finale.

Objectif triplé

À l'intersaison, l'équipe s'est renforcée avec des grands noms du circuit européen, dont Nick Calathes et Georgios Papagiannis, tout en conservant une grande partie de ses forces vives, à commencer par Mike James, qui a rempilé trois ans. Dans le viseur, toujours le même objectif suprême : le sacre européen. En parallèle, Monaco n'oublie pas le championnat.
« On veut remporter ce trophée autant de fois que possible et prendre la Betclic Élite de manière aussi sérieuse que possible. On y accorde une vraie valeur », insiste James. Après Limoges (1988-1990) et l'Asvel (2019-2022, avec le Covid en 2020), Monaco entend réaliser le troisième triplé dans l'histoire de la LNB. Et confirmer ainsi les contours de ce qu'elle dessine depuis deux ans : une dynastie.

MVP

Mike James, enfin !

Anomalie réparée. MVP en Euroligue mais pas en France, battu lors de la finale 2022 (contre l'Asvel) puis passé à côté de l'édition 2023, la superstar, dans sa troisième saison sur le Rocher, a fini par recevoir des honneurs individuels en Betclic Élite en étant élu meilleur joueur de la finale. Mike James (34 ans) a rappelé contre Paris qu'il était le patron. 20,5 points de moyenne en moins de 22 minutes, avec deux chefs-d'œuvre : 31 points pour lancer la série, 27 en 17 minutes (!) pour la conclure un soir où il aurait aisément pu aller chercher le record absolu de Don Collins (40 points en finale 1988), mais a fini la rencontre sur le banc. « Être MVP de la finale, je n'y pensais pas spécialement. Je suis content d'avoir gagné. C'est bon pour ma salle de trophées ! »

Matthew Strazel
a remporté les quatre dernières éditions du championnat de France.

Matthew Strazel

Quadruple champion à 21 ans !

« Back to back to back to back » : expression signée Matthew Strazel au soir du titre. Son quatrième d'affilée, à 21 ans (il est né le 5 août 2002). Lancé dans le monde pro en octobre 2019 avec l'Asvel, une saison interrompue par le Covid, le meneur n'a ensuite connu que l'ivresse de la victoire : sacré avec l'Asvel en 2021 et 2022, avec Monaco en 2023 et 2024. « À l'année prochaine ! », lançait-il sur X après son nouveau titre. Le record reste loin : André Tondeur (entre 1924 et 1937) et Richard Dacoury (entre 1983 et 1994) ont remporté le championnat de France... à neuf reprises.

Palmarès

Les 10 derniers champions

2024	Monaco
2023	Monaco
2022	Lyon-Villeurbanne
2021	Lyon-Villeurbanne
2020	Annulée (pandémie)
2019	Lyon-Villeurbanne
2018	Le Mans
2017	Chalon-sur-Saône
2016	Lyon-Villeurbanne
2015	Limoges

Paris, copie car-Bonn

En recrutant son coach et six éléments chez Bonn, vainqueur de la BCL, Paris a pris le basket français par surprise en appliquant une formule détonante et gagnante.

La stat

128,5

Le "rating offensif" – soit la productivité sur 100 possessions – de Paris en Eurocoupe en 2023-2024. Ce qui en a fait l'attaque la plus prolifique de la saison (avec une pointe à 120 points contre Hambourg), clubs NBA compris.

En développant un jeu survitaminé, incarné par T. J. Shorts (ci-dessus, à droite), Paris a inauguré son armoire à trophées, et attiré les amateurs de basket, dont l'ancien Premier ministre Lionel Jospin (en bas à droite).

Un premier trophée ? Une nouvelle salle ? Une qualification en Euroligue ? « Tout commence ici », annonçait le slogan du Paris Basketball dans la vétuste halle Carpentier (XIIIe arrondissement). Tout s'est accéléré en quelques mois lors d'une saison 2023-2024 qui restera comme l'une des plus marquantes de l'histoire de ce jeune et excitant projet né en 2018.

Paris a coché toutes les cases : deux titres, la Leaders Cup et l'Eurocoupe, un sésame pour l'épreuve-reine, et une entrée réussie dans l'Adidas Arena autour d'un public et d'un kop, les Parisii, énamourés. Lors d'une finale – sa première – très médiatisée contre Monaco (perdue 1-3) et de deux matches à domicile dans une salle en fusion, on a vécu, en direct, la naissance d'une aventure replongeant les fans de basket de la capitale plusieurs décennies en arrière. En guise de témoins : Lilian et Khéphren Thuram, ou l'ancien Premier ministre Lionel Jospin, déjà des habitués de la salle plantée porte de la Chapelle.

Et voilà Paris qui renoue le fil d'une histoire remontant à 1997. Le club, alors champion sous bannière PSG, avait pour la dernière fois disputé l'Euroligue. L'équipe, qui en 2022 galérait encore pour assurer son maintien, a gagné le droit de regoûter au gotha. Elle l'a fait avec la manière, transfigurée par la méthode et le jeu impulsés par son coach finlandais Tuomas Iisalo. Un cocktail explosif aux inspirations multiples, du run and gun en sept secondes de Mike d'Antoni en NBA au Spurs Basketball époque Tony Parker en 2014, en passant par le Zalgiris Kaunas de Sarunas Jasikevicius. Le résultat : une attaque sans équivalent (128,5 points pour 100 possessions en Eurocoupe). Même pas en NBA. « On ne peut pas comparer avec d'autres compétitions, ou des équipes auxquelles nous ne sommes pas opposées », temporise dans un sourire Iisalo, transfuge de Bonn, d'où il est arrivé avec six joueurs – T.J. Shorts, Tyson Ward, Sebastian Herrera, Leon Kratzer, Collin Malcolm, Michael Kessens – et quatre membres du staff.

Splitter remplace Iisalo

Finaliste de Bundesliga et vainqueure de la BCL malgré un budget limité, la formation allemande sous influence finlandaise avait surpris son monde. La méthode a fonctionné en France. Importer le noyau d'une équipe d'une ville à une autre, c'est facile ? De la triche ? Cela explique la réussite ? Autant de questions qui ont accompagné les premiers pas de cette formation atypique, mettant en doute sa démarche, questionnant sa légitimité, polluant sa marche en avant pourtant éloquente : dauphin du géant Monaco en Betclic Élite (29-5 pour l'ASM, 27-7 pour Paris), l'équipe a enchaîné 25 succès de rang, et seulement été stoppée par la surpuissante armada monégasque (27,5 M€ de budget contre 9,2) en finale (1-3), tombant au passage l'Asvel au bout du suspense (3-2).

« Nous ne nous sommes pas contentés d'importer une équipe, explicite Iisalo. Nous avions créé une connexion et nous avons reconnu la valeur de ce que nous avions vécu. Rester à Bonn n'était pas une option. Nous avons tous laissé de l'argent sur la table pour nous retrouver. Les décisions prises ici ont été basées sur un projet, pas un calque. »

L'aventure parisienne, rendue possible par une multiplicité de facteurs – résultats sportifs, contexte économique et contractuel, opportunité présentée par le club parisien lui-même en mutation –, relève d'un cas exceptionnel. « Chaque équipe a son histoire. Il est toujours difficile de prendre quelque chose qui marche et de simplement l'adapter », reprend Iisalo, qui, sur le départ en NBA et remplacé par Tiago Splitter, laisse derrière lui autant de questions sur l'avenir qu'il avait, cette année, apporté de réponses.

« Nous avons tous laissé de l'argent sur la table pour nous retrouver. Les décisions prises ici ont été basées sur un projet, pas un calque. »

Tuomas Iisalo, coach de Paris

En demi-finale, le Paris de Leon Kratzer a fini par mater l'Asvel de David Lighty.

Duo star

Shorts-Hifi, double lame

Ils ont été le bras armé du système parisien. Le tandem arrière de poche Nadir Hifi (1,84 m, 22 ans) – T. J. Shorts (1,75 m, 26 ans) a fait tourner les têtes. Les deux zébulons lancent les systèmes par leur vitesse et leur côté imprévisible, avant de proposer la solution individuelle quand la première étape, collective, n'a pas abouti. Tous deux sur le podium des scoreurs de la ligue et dans le cinq de l'année, ils ont posé des problèmes insolubles. Shorts alterne les raids solitaires, la distribution (meilleur marqueur, 16,3 points, 2e passeur, 6,7 assists) et les shoots mi-distance, clutch en diable à l'image de son récital à la Leaders Cup (MVP et tombeur de Monaco avec 25 points) ou dans les deux matches décisifs contre l'Asvel en demi-finale (34 puis 28 points). Hifi déclenche des bombinettes à dix mètres sans prévenir et a compilé 15,6 points avec une productivité hors norme (21 minutes, une pointe à 35 points contre Nancy, des cartons en play-offs contre l'Asvel et Monaco). Au point de n'être pas si loin du cut pour les JO de Paris, avant de se montrer à son avantage en ligue d'été NBA.

Tuomas Iisalo

Le génie venu du froid

Grand Chelem

5

Tuomas Iisalo a été désigné meilleur entraîneur des cinq dernières compétitions auxquelles il a pris part : Bundesliga 2022 et 2023, BCL 2023, LNB et Eurocoupe 2024.

Le coach finlandais de Paris s'est imposé comme une figure majeure avec sa méthode atypique. Au point d'être débauché par la NBA.

Il a été l'une des attractions de la saison. Sa silhouette athlétique se mêlant à ses joueurs lors des entraînements, sa houppette blonde impeccable, et surtout sa méthode. Alliance entre basket moderne survitaminé au rythme insensé et aux rotations incessantes, mâtiné de datas comme de préceptes *old school* – téléphones interdits lors des temps d'équipe –, celle-ci a été scrutée. Surtout, les résultats ont suivi (Leaders Cup, Eurocoupe) pour Tuomas Iisalo, dont le parcours a fasciné tant en France qu'en Europe.
Personnalité éclectique, Iisalo aime MC Solaar, les sciences politiques, la philosophie...
Peu avant la finale d'Eurocoupe, il dévorait sous forme audio, lors de ses footings, *La Rigueur des anges*, ouvrage du penseur américain William Egginton sur la perception de la réalité au travers des œuvres de l'écrivain Borges, du Prix Nobel de physique Heisenberg et du philosophe Kant.

Les sirènes de Memphis

Ne disposant pas de comptes X ou Instagram, le natif d'Helsinki s'informe à sa manière : livres, podcasts, art, musique... Son père fut correspondant de presse à Berlin-Est dans les années 1980. Sa sœur aînée Meri Valkama, ancienne journaliste d'investigation, est une écrivaine primée et conseillère municipale adjointe à Helsinki.
Une diversité qu'on retrouve dans sa méthode, dont les fondements puisent dans sa thèse pour l'Institut du sport finlandais : « Pensées sur le coaching : philosophie, préparation et entraînement. »
« Si on veut des résultats différents, il faut des sources différentes », dit Iisalo, qui compare volontiers le mouvement d'une attaque en basket à un mécanisme d'horlogerie ou aux variations harmoniques du jazz. « La différence, s'esclaffe-t-il, c'est que dans un concert, il n'y a pas un adversaire pour venir te taper sur les bras avec son saxophone ! » L'ancien arrière international a coiffé au poteau Sasa Obradovic, le tacticien serbe de Monaco (leader de la saison, 29-5, devant... Paris, 27-7), pour la distinction de coach de l'année. Il a conduit le club de la capitale à 25 succès de suite, et connu la même consécration en Eurocoupe (22-1 et la victoire finale). Au point que la NBA n'a pas attendu pour le débaucher. Après avoir posé sa patte en France, il va sortir les griffes chez les Grizzlies de Memphis, où lui a été offerte la place de premier assistant de Taylor Jenkins.

Pascal Donnadieu

L'homme ordinaire au destin extraordinaire

Après trente-sept saisons à coacher Nanterre, l'emblématique entraîneur (60 ans) a passé le relais à Philippe Da Silva et pris les rênes de la direction sportive du club.

« Je suis parti de la base du basket, donc je coche beaucoup de cases pour que les gens s'identifient à moi. »

Pascal Donnadieu

L'histoire retiendra que le dernier match à domicile de Pascal Donnadieu comme coach de Nanterre s'est terminé par une victoire. Une de plus dans le grand livre de l'épopée nanterrienne, décrochée le 18 mai 2024 face à Bourg-en-Bresse. Ce soir-là, le club des Hauts-de-Seine égalise à 1-1 dans son quart de finale, et prolonge pour quelques jours a minima la carrière de son entraîneur. Quarante-huit heures plus tard, cette fois, c'est fini. Dans l'Ain, alors que Bourg vient d'éliminer son adversaire, le président Julien Desbottes prend la parole pour saluer Pascal Donnadieu, qui reçoit une ovation des 3 500 fans burgiens. Être salué à l'extérieur, symbole de la cote de popularité du Breton. « Je ne m'attendais pas à autant », confiera-t-il par la suite, citant les hommages çà et là en France ayant rythmé sa dernière saison de coach. « Pour une fois, moi qui suis pudique, je n'étais pas trop mal à l'aise. Je représente une histoire un peu unique, je suis parti de la base du basket, donc je coche beaucoup de cases pour que les gens s'identifient à moi. »

Une fidélité hors du commun

De quoi être apprécié à l'unanimité, pour sa personnalité bonhomme – qui a souvent fait oublier qu'elle se doublait d'un redoutable compétiteur, « une de mes armes cachées », s'amuse-t-il – et son parcours. De 1987 à 2024, du plus bas niveau départemental au titre de champion de France et aux voyages en Euroligue (avec au passage une victoire de prestige à Barcelone), dans un seul club : même les plus grands rêveurs hésiteraient à croire en un scénario aussi hollywoodien.
Le principal intéressé a vécu cette ascension en conservant les pieds ancrés sur terre. « Pour la finale de Pro A ou le jour où j'ai joué un match décisif pour monter en Région, j'avais exactement le même stress, assure-t-il. En N2 ou en Coupe d'Europe, tu ressens les mêmes choses. Ce qui change, c'est ce qu'il se passe autour. »
Et ce qui n'a pas changé, malgré les trente-sept années de carrière qui ont tanné le cuir, c'est le principal intéressé. Son explication est comme lui : simple. L'ancien employé de banque n'a jamais oublié d'où il venait. « Et je ne veux surtout pas l'oublier, insiste-t-il. Je n'ai jamais coupé le cordon avec le basket amateur, je me sens proche de ces gens-là. »
Quand Nanterre toucha au graal, champion de Pro A en 2013, beaucoup estimaient que cette surprise, la plus grande de l'histoire du championnat, ne serait que l'histoire d'un soir. Onze ans plus tard, Donnadieu a laissé sa place le cœur léger, porté par sa plus grande fierté : Nanterre est toujours au plus haut niveau, poil à gratter respecté, encore 5e en 2024 en disposant du 12e budget. À l'été, l'emblématique coach a laissé la place à Philippe Da Silva et endossé la tenue de directeur sportif. Un nouveau costume, mais une même envie : déplacer les montagnes.

Bilan

37 ans en 3 stats

10

Les montées réalisées par Nanterre sous l'ère Donnadieu. La première fut décrochée dès la saison inaugurale, en 1987-1988, au niveau départemental, et la dernière, l'arrivée dans l'élite, en 2011.

6

Les trophées majeurs de Nanterre. Champion de Pro B (2011) puis de Pro A (2013), deux Coupes de France (2014 et 2017), deux Coupes d'Europe (Eurochallenge 2015 et FIBA Europe Cup 2017).

1 288

Le nombre de matches dirigés par Pascal Donnadieu comme coach de Nanterre.

LIMOGES
CSP

METS92

Chronique de crashs annoncés

La saison 2023-2024 fut marquée par la descente aux enfers de deux clubs.

À Limoges,
la présidente Céline Forte a fini par lâcher la main. Chez les Mets en revanche, la catastrophe ne fut pas évitée.

Limoges, la chute du château-Forte

L'histoire est un éternel recommencement mais celle-ci, les fans limougeauds auraient aimé ne pas la revivre. Le 28 mai 2024, vingt ans après la rétrogradation du CSP en N1, leur club de cœur se voit renvoyé au niveau fédéral par la DNCCG. Flashback. Mi-novembre, premier coup de bambou : une pénalité de trois victoires retirées pour mauvaise gestion financière. La direction, incarnée par Céline Forte (ex-femme de Frédéric Forte, le président décédé le 31 décembre 2017), qui a pris possession du club en 2019, se mure dans le silence. Sans contact avec ses dirigeants, l'équipe fait corps pour assurer le maintien (13e).

Dans ce marasme, un trio (Céline Forte, sa fille Angiolina, directrice communication, son gendre Guillaume Lanave, directeur commercial) s'accroche au pouvoir, au risque de pousser l'institution dans le gouffre. Auditionnée par la DNCCG, Forte décline la proposition de Lionel Peluhet, numéro 2 d'Intermarché, qui espère sauver le club, la seule offre fiable, préférant la piste d'un mystérieux investisseur congolais basé à Hong Kong qui aurait promis 5 millions de dollars. Guère sérieux pour la DNCCG, qui refuse l'engagement du CSP, notamment pour « retards de paiement » et « récurrence d'insincérité ».

Finalement, quelques secondes avant l'expiration de l'ultime recours possible, le clan Forte accepte de lâcher la main, cédant ses parts à Peluhet, qui apporte 1,6 million d'euros. Le CSP est sauvé. L'un des *buzzer beaters* les plus importants de ce club à l'histoire aussi glorieuse que tourmentée.

Mets, le dernier métro

Des étoiles à l'abîme. Les Metropolitans avaient conclu une saison de rêve en 2023 sous les spotlights du Central de Roland-Garros, battus en finale par Monaco (3-0). L'astre Victor Wembanyama leur assurant une audience mondiale et remplissant les stades sur son passage. Un an plus tard, ils ne sont même plus sur la carte du basket professionnel. Relégués sportivement après avoir déjà frôlé la disparition l'été dernier et relancé une équipe fragile sur la scène nationale, ils ont vécu une saison en enfer. Effectif constitué à l'arrache, coach viré après quelques mois (Laurent Foirest), et bilan sans appel (4 victoires, 30 défaites) dans une salle à moitié vide et sans âme. L'héritier du Paris Basket Racing, champion de France 1997, et vainqueur de la Coupe 2013 sous l'appellation Paris-Levallois, va disparaître, lâché par son dernier propriétaire, la mairie de Boulogne (2019), dont les grands projets ont fait long feu.

Plusieurs projets de reprise se sont fait jour dans les semaines ayant suivi la relégation sportive pour un réengagement en Pro B, notamment un, porté par l'homme d'affaires Luc Dayan (ex-dirigeant dans le football à Lens, Lille ou Strasbourg) autour d'investisseurs américains. Mais les discussions n'ont jamais abouti, la mairie de Boulogne-Billancourt opérant plusieurs rétropédalages, actant du même coup la triste fin d'un club historique qui a donc pris son dernier métro.

Dayan s'est reporté sur l'équipe de Levallois évoluant en N2, promue en N1, les Blue Steelers, renommés « Metropolitans », pour tenter de faire renaître et remonter à terme la franchise.

Noël noir pour Sportica

Le 25 décembre, un incendie a détruit Sportica, la maison du BCM Gravelines-Dunkerque, qui avait accueilli plus de mille rencontres depuis son inauguration en 1986. Devenue sans domicile fixe, l'équipe s'est délocalisée à Dunkerque et a su faire corps pour décrocher son maintien. En attendant, un jour, dans quelques années, d'investir sa nouvelle salle.

P 270

SPORTICA.OU.AILLEURS.TOUS.UNIS

SPORTICA
59
All Star game
PARIS

Asvel, une année au purgatoire

Malgré l'ouverture de son Arena, le club aux 21 titres de champion a connu sa première année blanche depuis 2018.

« On doit faire face à notre réalité. »

Tony Parker, président de l'Asvel

Ils sont partis sur un sourire, et c'était déjà beaucoup après une saison douloureuse où les polémiques ont concurrencé la médiocrité des résultats. Sous la direction de Pierric Poupet, troisième coach ayant opéré sur le banc après TJ Parker – débarqué en octobre 2023 et remplacé par Gianmarco Pozzecco qui n'aura tenu que dix semaines –, l'Asvel a retrouvé de la joie de vivre. Dominateur en fin d'exercice en Betclic Élite (3e, 25-9), il n'a cédé qu'au match 5 de sa demi-finale face à Paris. Avant-dernier d'Euroligue (9-25), il a achevé sa campagne européenne par des résultats à l'allure de promesses – victoires contre Efes, Milan, à Valence, face au FC Barcelone.

Le constat n'en reste pas moins implacable : c'est la première fois depuis 2018 que l'Asvel vit une saison blanche. Son budget, boosté (21 M€) par les 7 millions annuels – restés en partie virtuels – devant venir de Skweek, n'y a rien fait. Le club aux vingt et une couronnes nationales a enchaîné, malgré son statut récemment acquis de membre permanent de l'élite continentale, une troisième campagne dans les bas-fonds.

Équipe mal construite, erreurs de casting, départ des jeunes (Matthew Strazel et Victor Wembanyama en 2022, Zaccharie Risacher en 2023, avant, pour les deux derniers, d'être n° 1 de la draft)… L'Asvel devait encore se remettre des sanctions financières liées aux modes de rémunération en partie illégaux des contrats de Joffrey Lauvergne et Nando De Colo.

À l'image de Timothé Luwawu-Cabarrot et Nando De Colo, l'Asvel s'est pris les pieds dans le tapis.

« Le niveau de l'Euroligue est incroyable cette année, disait Tony Parker en janvier. Pour le reste, ça me fait rire d'entendre les critiques. On n'a pas encore les moyens de signer des grosses stars. On doit faire face à notre réalité. Il faut laisser le temps au temps. Ce qu'on a réussi depuis 2014, avec aujourd'hui l'ouverture de notre grande salle, la LDLC Arena, en battant des records d'affluence, de chiffre d'affaires, on sait qu'on est toujours sur la bonne voie. Les résultats sont décevants, et je suis le premier énervé, mais cela ne m'empêche pas d'être enthousiaste pour l'avenir. L'Asvel, c'est mon bébé, je veux qu'on gagne. Pas qu'on se brûle les ailes. Il y a des étapes à respecter. »

Pierric Poupet a prolongé pour deux saisons (Parker espérait à l'origine Sergio Scariolo ou Gordon Herbert), alors que le club est toujours à la recherche de ressources pour compenser la défection de Skweek. En 2024-2025, le budget sera en sensible baisse. La section féminine, qui a fini l'exercice en roue libre, n'est pas en reste – blessures de Fauthoux, Allemand, arrêt anticipé de Williams, départs de Johannès, Ciak, Chery… Éliminées en poules de l'Euroligue, les filles de David Gautier, remplacé à l'été par Yoann Cabioc'h, ont quitté les play-offs sans gloire, dominées en quarts par Basket Landes (2-0). L'Asvel féminin repartira presque d'une page blanche, qu'elle pourra néanmoins noircir au Palais des sports de Gerland, dont elle deviendra club résident à partir de janvier 2025. En attendant de voir, comme son homologue masculin, quelles ambitions elle peut nourrir la saison prochaine.

Médias

Skweek, ça couine

Un fiasco à la Mediapro ? Les tenants de Skweek jurent du contraire. Mais l'avenir de l'éphémère diffuseur de la LNB, au contrat de sept ans rompu après une saison à peine par *L'Équipe* et la Ligue nationale – qui s'est tournée vers DAZN – pour cause de défauts de paiements, s'inscrit en pointillé. Le jeune acteur audiovisuel, émanation de FedCom Media – dont la maison mère n'est autre que FedCom, actionnaire majoritaire de Monaco –, a réglé ses dettes vis-à-vis de l'Euroligue et continuera à diffuser la compétition dans l'Hexagone, ainsi qu'à être un partenaire de l'épreuve-reine au niveau européen.

Cela n'enlève rien à l'échec patent d'une société qui a fait face à des problèmes de trésorerie, notamment liés aux démêlés du président de FedCom Alexey Fedorychev, accusé de corruption en Ukraine. Assez problématique pour l'empêcher d'acquérir la LDLC Arena, ou de tenir ses engagements, notamment à l'égard de l'Asvel, dont Skweek était devenu partenaire et sponsor. De quoi accélérer les difficultés rencontrées par le club villeurbannais. Le tout étant saupoudré d'une cascade de conflits d'intérêts qui jettent un voile noir sur l'avenir de l'opérateur.

Claude Marquis

Il était un roc

Victime d'une crise cardiaque, l'ancien Bleu s'en est allé le 25 août, à 44 ans, laissant l'image d'un guerrier des parquets, au nom associé à Cholet pour l'éternité.

Cholet, sa maison

11

Ses saisons sous le maillot choletais, record dans l'histoire du club depuis son accession dans l'élite en 1987.

383

Ses matches joués avec CB, un total seulement dépassé par Jim Bilba (453 matches).

3 583

Ses points inscrits avec Cholet, ce qui fait de lui le 3e meilleur marqueur de l'histoire du club, derrière Graylin Warner (5 629) et Antoine Rigaudeau (4 247).

À gauche, avec Cholet, son club de cœur, et à droite en équipe de France, maillot qu'il porta à 36 reprises.

Être en retard, ça vous change un destin. Un beau jour, Claude Marquis, gamin de 11 ans, s'en va s'inscrire à l'athlétisme dans sa Guyane natale. « Je suis arrivé en retard, les inscriptions étaient terminées », racontera-t-il bien plus tard dans *L'Équipe*. En revanche, sur le terrain d'à côté, la session basket démarre. « Une voisine m'a vu et m'a dit : "reste pas là, va jouer au basket". Je me suis inscrit et voilà. Mais ce n'était pas prévu. »
Le deuxième tournant survient à ses 15 ans, en 1995. Repéré localement pour sa carrure (il deviendra un colosse de 2,03 m et plus de 110 kg), son nom arrive aux oreilles de Jacques Catel, directeur historique du centre de formation de Cholet Basket, qui se déplace à Cayenne, la ville natale de l'adolescent. Face à ce basketteur en plein apprentissage au corps taillé dans la pierre, le dirigeant voit un potentiel.
De la Guyane aux Mauges, Marquis fait le grand saut, presque dans un autre monde. Il découvre de nouveaux aliments, de nouvelles coutumes, le froid, et même la neige. Sur les parquets, le retard face aux jeunes de sa génération ne l'effraie pas, et pour cause : il a en tête les mots du paternel, agriculteur et commerçant. « Il m'a emmené plusieurs fois bosser dans sa plantation. Il disait : "Viens travailler, que tu comprennes que l'argent n'est pas facile." J'ai vu comme c'était dur. Quand je suis parti (à Cholet), il m'a dit : "Tu as une chance, saisis-la, sinon tu rentreras au pays et tu reprendras ma plantation." »
Alors le Guyanais ne compte pas ses efforts. Il développe sa panoplie, notamment son tir en crochet. Jusqu'à devenir l'un des meilleurs joueurs français – All Star de Pro A en 2004 et 2005, 2e à l'élection du MVP français en 2005 (derrière Laurent Sciarra) –, jusqu'à intégrer l'équipe de France : 36 sélections entre 2004 et 2008.
Sa carrière le mènera à Strasbourg, Nancy, Pau, au Portel, même en Italie et jusqu'en Iran, mais elle restera, pour toujours, liée à Cholet Basket. Son « club de cœur », sa deuxième maison, cette Meilleraie où il s'était établi roi de la raquette et chouchou des fans, pour son énergie sur le parquet – « Dès qu'on me met sur un terrain, je vais au charbon, je pars en guerre », disait-il – et sa personnalité solaire en dehors. Sous les couleurs choletaises, de son premier match dans l'élite, le 30 janvier 1999 à 19 ans, jusqu'à sa dernière sortie, il livrera au total onze saisons dans son club formateur, en quatre passages, remportant la Semaine des As 2008 et disputant la campagne d'Euroligue en 2010.
À sa retraite sportive, en 2016, à l'issue d'une ascension dans l'élite décrochée avec Le Portel, il s'était lancé dans l'entreprenariat, fondant la start-up Asmodine (pour que chacun puisse trouver des vêtements adaptés à sa taille). Plus récemment, ce père de deux enfants avait endossé un costume de commercial. Loin du basket. Mais quand il s'en est allé, le 25 août, à seulement 44 ans, au-delà de Cholet, c'est tout le basket français qui lui a rendu hommage. En souvenir de cette figure de la Pro A des années 2000. En souvenir d'un roc.

La fièvre Caitlin Clark

À 22 ans, la meneuse américaine du Fever d'Indiana, numéro 1 de la draft 2024 en WNBA, révolutionne l'intérêt pour le basket féminin, aux États-Unis et au-delà des frontières.

Le record

18,7 millions

Le 7 avril, Iowa, malgré les 30 points de Caitlin Clark, s'est incliné en finale NCAA face à South Carolina (75-87), cador invaincu de la saison. Face à 18 300 spectateurs au Rocket Mortgage FieldHouse de Cleveland, et surtout 18,7 millions d'Américains devant leur télévision. Un record pour le basket au pays depuis 2019, et tout simplement le match universitaire féminin le plus suivi de l'histoire.

« Aucun tir n'est un mauvais tir quand vous pouvez shooter aussi bien qu'elle. »

Stephen Curry

2,1 millions de curieux ont regardé la draft de Caitlin Clark en direct à la télévision américaine.

Mieux que l'effet papillon ? Aux États-Unis, il y a l'effet Caitlin Clark. Tous les faits et gestes de la nouvelle star d'Indiana sont scrutés et connaissent des répercussions aux quatre coins du globe. Aimant à regards, la meneuse du Fever a fait éclater le thermomètre de l'audimat le 14 mai, attirant, à l'occasion de son premier match WNBA, 2,1 millions de curieux à la télévision, meilleur score de la ligue depuis vingt-trois ans. Pour sa draft, ils étaient près de 2,5 millions, atomisant le précédent record (600 000 téléspectateurs en 2004, cuvée Diana Taurasi). Boostée par sa rookie, la popularité de la WNBA monte en flèche : audiences TV triplées, inscriptions au League Pass en hausse de 335 % !

Cette effervescence est la continuité de l'engouement hallucinant et sans précédent déclenché par Clark à la fac, où elle a été élue meilleure joueuse universitaire en 2023 et 2024. En quatre ans sous le maillot d'Iowa, sa terre natale, elle a cumulé 3 951 points, devenant la scoreuse numéro 1 de tous les temps en NCAA, garçons et filles confondus, détrônant ainsi la marque de Pete Maravich (3 667 points) qui tenait depuis 1970.

Caitlin Clark a dépassé la barre des 100 trois-points réussis dès sa saison rookie.

Le 15 octobre 2023, un match de préparation délocalisé au stade de football du campus d'Iowa a réuni 55 645 fans en tribunes. Encore un record pour la NCAA au féminin.

Toute l'Amérique du basket s'est prise de passion pour Clark, machine à triples-doubles, leader charismatique et shooteuse d'exception. « C'est Stephen Curry avec une queue-de-cheval ! » écrit le *New York Times*. Le maître du tir en personne a salué son talent : « Aucun tir n'est un mauvais tir quand vous pouvez shooter aussi bien qu'elle. Dès qu'elle passe le milieu du terrain, elle est dans sa zone de tir. » Plutôt qu'une copie de Curry, Clark est un phénomène en son nom, qui se distingue par sa combativité, sa haine de la défaite, nées de ses un-contre-un avec ses frères aînés dans son enfance. Coqueluche des fans et des annonceurs, son Instagram affiche trois millions de followers, et son compte en banque un contrat de 28 millions de dollars (sur huit ans) avec Nike, quand le plus haut salaire WNBA stagne à 252 000 dollars. De quoi susciter la jalousie ? Pour ses débuts pros, la numéro 1 de la draft 2024 a subi comme un bizutage, étant régulièrement envoyée durement au tapis par ses adversaires. Sa réponse : plus de 16 points, 6 rebonds et 7 passes par match et une sélection au All-Star Game. « Ne vous méprenez pas : Caitlin Clark est bien la raison pour laquelle beaucoup de grandes choses vont se produire pour la WNBA », a déclaré LeBron James. La révolution est en marche, et elle porte une queue-de-cheval.

De vraies « Guerrières »

Champion de France, premier club tricolore à atteindre la finale d'Euroligue depuis vingt ans, Villeneuve-d'Ascq a fait honneur au surnom de ses joueuses.

Palmarès

4 champions différents en quatre ans

2024	Villeneuve-d'Ascq
2023	Lyon Asvel
2022	Bourges
2021	Basket Landes
2020	Annulée (pandémie)
2019	Lyon
2018	Bourges
2017	Villeneuve-d'Ascq
2016	Lattes-Montpellier
2015	Bourges
2014	Lattes-Montpellier

Rachid Meziane s'accorde « une expression de gamin », comme il dit : « Waouh, j'ai kiffé ! » Au-delà du titre de champion de France, le coach de Villeneuve-d'Ascq parle du basket développé par son équipe pour le conquérir. « On a produit du jeu. » Avec de l'envie, de l'agressivité, du partage. « On termine par un match avec cinq joueuses à plus de 10 points, ça a été le fil conducteur de la saison. » Si Kariata Diaby a eu les honneurs d'être élue MVP de la finale, c'est bien le collectif de l'ESBVA-LM qui a roulé sur les play-offs. En quart contre Angers, en demie face à Lattes-Montpellier comme en finale contre Basket Landes, c'était tarif unique : deux victoires à zéro. Le tout avec un écart moyen de 19 points, et une moyenne de 94 points par match ! Pour l'ultime partie, dans son chaudron du Palacium, Villeneuve-d'Ascq a tiré un feu d'artifice, atomisant Basket Landes sur le score de 114-88.

Ce titre récompense une véritable montée en puissance dans un club qui a débuté l'écriture d'un nouveau chapitre avec l'arrivée de Meziane sur le banc au printemps 2019. À l'époque, pour une mission maintien. Et l'ESBVA a démarré son ascension : 9e en 2019, 8e en 2020, 5e en 2021, puis 2e à deux reprises, finaliste 2023, avant la première place, indiscutable (19 victoires en 22 matches), en 2024. « Et on n'est que la cinquième masse salariale de LFB, rappelle l'entraîneur. On doit faire des choix différents de ceux qui sont un peu plus riches. » En l'occurrence, une stratégie axée autour du développement des talents français, dont le meilleur exemple est Janelle Salaün, sans oublier Caroline Hériaud, Maïa Hirsch, Aminata Gueye…

Ce groupe s'est bâti dans la continuité, et en « détestant perdre plus qu'en aimant gagner », sourit Meziane, élu meilleur coach en LFB et en Euroligue. Ainsi les Guerrières, après avoir perdu le match 1 de leur quart de finale de C1 contre Miskolc, ont trouvé les ressources pour renverser la série et remporter la belle en Hongrie, dans une ambiance hostile. Premier club français à rallier le Final Four depuis dix ans (Bourges 2014), l'ESBVA a fait mieux encore en s'offrant Prague en demie, s'ouvrant les portes de la finale, une première pour un représentant de l'Hexagone depuis vingt ans (Valenciennes 2004). La leçon reçue contre l'armada du Fenerbahçe (73-106), suivie du départ pour la WNBA de Kennedy Burke, double MVP de LFB, au milieu des play-offs tricolores, aurait pu déstabiliser bien des groupes. Pas celui-là.

Depuis son sacre, le champion a vu des cadres partir (Burke, Salaün, Diaby, etc.), mais a également accueilli des jeunes aux portes des sélections internationales (Carla Leite, Marie-Paule Foppossi). L'ESBVA a changé de statut, pas de philosophie ni d'identité. Guerrières un jour, guerrières toujours.

Janelle Salaün

La solution Salaün

Avec Villeneuve-d'Ascq comme en équipe de France, la solide ailière de 22 ans est en pleine lumière, après avoir longtemps travaillé dans l'ombre.

S'il fallait définir Janelle Salaün en un mot, ce serait compétitrice. Ce feu brûle en elle – et c'est de famille, comme peut en témoigner son frère cadet Tidjane, 6e choix de la draft NBA. Aussi la finale d'Euroligue, formidable accomplissement pour Villeneuve-d'Ascq, était restée « en travers de la gorge » de l'ailière (1,90 m). Marquée par la défaite, elle avait à cœur de finir sur un trophée. « C'est fait ! » lançait-elle au soir du sacre en LFB contre Basket Landes. « Je suis arrivée à Villeneuve au bout du banc, j'ai gravi les échelons pendant quatre ans. C'est énorme ! » Si celle qui s'est lancée sur les parquets après avoir regardé les Braqueuses remporter l'argent aux JO 2012 appartient à la génération 2001, avec qui elle fut championne d'Europe U16 et vice-championne du monde U17, elle ne figurait pas à l'époque parmi les têtes d'affiche (Iliana Rupert, Marine Fauthoux, Kendra Chery etc.). « Personne ne me connaissait », s'amuse Salaün, qui a trouvé dans le fait d'être « longtemps dans l'ombre » de nouvelles braises pour son feu intérieur.
Et c'est à Villeneuve-d'Ascq, où elle a débarqué en 2020 après une première année pro anonyme à Charleville, que cette joueuse polyvalente s'est révélée. Jusqu'à intégrer, en 2024, l'équipe-type en LFB et le deuxième Cinq en Euroligue – pour sa première véritable campagne en C1. Après les Jeux, elle a rallié Schio, en Italie, poursuivant sa quête perpétuelle de nouveaux challenges.

Valérie Garnier : « Pour moi, c'est le graal »

Après Olivier Hirsch et Laurent Buffard, l'ex-sélectionneuse des Bleues est devenue la troisième coach française à remporter l'Euroligue, avec le Fenerbahçe Istanbul… dans une saison démarrée à Tours en N1 masculine !

De Tours au Fenerbahçe

« Je m'éclatais à Tours, j'adorais m'occuper des garçons, j'adorais le basket qu'on pouvait faire : tout va plus haut, plus fort, plus vite. J'avais commencé ma saison le 14 août, le 23 j'étais à Manille pour être intronisée au Hall of Fame FIBA, et après la cérémonie, appel de mon agent : il y a le Fenerbahçe. Cinq jours après, je signais. Il n'y avait que le Fener' qui pouvait me sortir des garçons. »

Diriger une armada

« J'ai eu une équipe fantastique. L'intensité aux entraînements était incroyable. Meesseman, Collier, McBride, Anderson… Ce sont des tueuses, elles veulent toujours travailler, donc il faut leur donner à manger. Je me suis régalée, tactiquement, techniquement. Et pour les conditions de travail, on est douze dans le staff : j'ai trois assistants, un préparateur physique, deux kinés, un masseur, un intendant… Tout est fait pour que le sportif soit dans les meilleures conditions. »

Marième Badiane

Pari payant

Le 17 février, elle quittait Lattes-Montpellier, où elle brillait en LFB comme en Eurocoupe, pour renforcer le Fenerbahçe de Valérie Garnier. « J'ai eu moins de 48 heures pour donner ma réponse. J'étais déchirée de quitter mes Gazelles (le surnom des Héraultaises) mais c'était une belle occasion de mettre les pieds dans un autre monde », témoigne Badiane. Deux mois plus tard, l'internationale française (1,90 m, 29 ans) remportait l'Euroligue, avant d'ajouter le championnat turc à son palmarès.

Un quadruplé inédit

« Le Fenerbahçe veut tout gagner. Si tu ne veux pas de cette pression, tu ne viens pas ici. Dans le vestiaire, à côté du palmarès, il est écrit : "À continuer…" C'est la première fois que le club, tous sports confondus, gagne quatre trophées dans la saison. 55 victoires en 57 matches, ça avoisine la saison parfaite ! Une année comme celle qu'on a vécue, je ne sais pas si on peut en vivre deux. Un an plus tôt, j'étais en N1M, jamais je n'aurais pensé gagner l'Euroligue. Ce trophée, pour moi, c'est le graal. »

Essai transformé

Le Stade Rochelais, associé au puissant club de rugby de la ville, a dominé la Pro B, accédant ainsi à l'élite pour la première fois de son histoire.

Sur le port de La Rochelle, les printemps sont toujours une fête. Celles pour les trophées de roi d'Europe au rugby en 2022 et 2023, celle pour le titre de champion de Pro B en 2024. Deux disciplines, un même club : le Stade Rochelais. Le ballon orange a intégré le giron de ce cador de l'ovalie en 2018. Faire partie des Jaune et Noir offre, outre le gain en visibilité, un atout majeur : la mutualisation des infrastructures – dont l'Apivia Parc, centre d'entraînement moderne avec salle de musculation, self, etc. – et des moyens humains. « Il y a une cinquantaine de salariés administratifs, sur les pôles sportif, juridique, comptable, qui travaillent pour le rugby et le basket », explique le GM, l'ex-international Aymeric Jeanneau.

Sur les parquets, La Rochelle, qui avait connu la Pro B entre 1989 et 1996 (époque Don Collins, Freddy Hufnagel...), avait retrouvé la division en 2022. En 2023-2024, l'équipe a déjoué les pronostics et la logique économique en dominant de bout en bout. Premiers de la saison (27-7), les hommes de Julien Cortey, élu entraîneur de l'année, ont confirmé en play-offs. Au-delà de Tray Buchanan, le MVP, la réussite d'un système, d'une défense (la plus imperméable, 70,4 points encaissés), d'un collectif. L'engouement suscité a souligné l'étroitesse de Gaston-Neveur (1 677 places) et pourrait accélérer les discussions autour de la création d'une nouvelle salle. D'ici là, direction l'élite ! Une première pour La Rochelle, là où le rugby est roi, mais terre de basket, aussi.

Les résultats

NBA

CONFÉRENCE EST

	Équipe	V	D
1.	Boston Celtics	64	18
2.	New York Knicks	50	32
3.	Milwaukee Bucks	49	33
4.	Cleveland Cavaliers	48	34
5.	Orlando Magic	47	35
6.	Indiana Pacers	47	35
7.	Philadelphie 76ers	47	35
8.	Miami Heat	46	36
9.	Chicago Bulls	39	43
10.	Atlanta Hawks	36	46
11.	Brooklyn Nets	32	50
12.	Toronto Raptors	25	57
13.	Charlotte Hornets	21	61
14.	Washington Wizards	15	67
15.	Detroit Pistons	14	68

CONFÉRENCE OUEST

	Équipe	V	D
1.	Oklahoma City Thunder	57	25
2.	Denver Nuggets	57	25
3.	Minnesota Timberwolves	56	26
4.	Los Angeles Clippers	51	31
5.	Dallas Mavericks	50	32
6.	Phoenix Suns	49	33
7.	Los Angeles Lakers	47	35
8.	New Orleans Pelicans	49	33
9.	Sacramento Kings	46	36
10.	Golden State Warriors	46	36
11.	Houston Rockets	41	41
12.	Utah Jazz	31	51
13.	Memphis Grizzlies	27	55
14.	San Antonio Spurs	22	60
15.	Portland Trail Blazers	21	61

PLAY-OFFS

PREMIER TOUR

EST	OUEST
Boston bat Miami : 4-1	Oklahoma City bat New Orleans : 4-0
Cleveland bat Orlando : 4-3	Dallas bat L.A. Clippers : 4-2
New York bat Philadelphie : 4-2	Denver bat L.A. Lakers : 4-1
Indiana bat Milwaukee : 4-2	Minnesota bat Phoenix : 4-0

DEMI-FINALES DE CONFÉRENCE

EST	OUEST
Boston bat Cleveland : 4-1	Dallas bat Oklahoma City : 4-2
Indiana bat New York : 4-3	Minnesota bat Denver : 4-3

FINALES DE CONFÉRENCE

EST	OUEST
Boston bat Indiana : 4-0	Dallas bat Minnesota : 4-1

FINALE

Boston bat Dallas :4-1
(MVP : Jaylen Brown)

MVP DE LA SAISON RÉGULIÈRE

Nikola Jokic (Denver)

Jeux olympiques 2024

HOMMES - TABLEAU FINAL

QUARTS DE FINALE

Allemagne bat Grèce : 76-63
Serbie bat Australie : 95-90 (a.p.)
France bat Canada : 82-73
États-Unis bat Brésil : 122-87

DEMI-FINALES

France bat Allemagne : 73-69
États-Unis bat Serbie : 95-91

FINALE

États-Unis bat **France** : 98-87

BRONZE

Serbie bat Allemagne : 93-83

MVP

LeBron James (États-Unis)

FEMMES - TABLEAU FINAL

QUARTS DE FINALE

Australie bat Serbie : 85-67
Belgique bat Espagne : 79-66
France bat Allemagne : 84-71
États-Unis bat Nigeria : 88-74

DEMI-FINALES

États-Unis bat Australie : 85-64
France bat Belgique : 81-75 (a.p.)

FINALE

États-Unis bat **France** : 67-66

BRONZE

Australie bat Belgique : 85-81

MVP

A'Ja Wilson (États-Unis)

LE PARCOURS DES BLEUS (2es)

PHASE DE POULES

France bat Brésil : 78-66
France bat Japon : 94-90 (a.p.)
Allemagne bat **France** : 85-71

QUART

France bat Canada : 82-73

DEMIE

France bat Allemagne : 73-69

FINALE

États-Unis bat **France** : 98-87

STATISTIQUES DES BLEUS

Joueur	MJ	Min	%Tirs	Rbds	Pds	Pts
Victor Wembanyama	6	30	42,2	9,7	3,3	15,8
Guerschon Yabusele	6	23	51,9	3,3	1,0	14,0
Evan Fournier	6	21	34,0	1,7	2,2	9,8
Isaïa Cordinier	6	19	47,5	2,3	1,2	8,8
Nicolas Batum	6	30	43,2	4,2	2,7	7,7
Mathias Lessort	6	14	66,7	3,3	1,5	7,2
Matthew Strazel	5	12	47,1	0,6	1,6	5,0
Frank Ntilikina	6	13	30,4	1,3	1,7	4,2
Nando De Colo	5	9	60,0	1,2	1,8	3,6
Rudy Gobert	6	14	69,2	4,0	1,0	3,3
Bilal Coulibaly	5	11	55,6	1,4	0,6	2,4
Andrew Albicy	6	13	22,2	0,5	2,0	0,8

LE PARCOURS DES BLEUES (2es)

PHASE DE POULES

France bat Canada : 75-54
France bat Nigeria : 75-54
Australie bat **France** : 79-72

QUART

France bat Allemagne : 84-71

DEMIE

France bat Belgique : 81-75 (a.p.)

FINALE

États-Unis bat **France** : 67-66

STATISTIQUES DES BLEUES

Joueur	MJ	Min	%Tirs	Rbds	Pds	Pts
Gabby Williams	6	27	48,0	4,7	4,8	15,5
Marine Johannès	6	22	34,8	2,0	2,2	11,7
Valériane Ayayi	6	23	42,6	3,3	2,3	9,7
Iliana Rupert	5	17	44,4	3,8	0,4	7,6
Marième Badiane	6	26	37,8	5,7	1,5	7,2
Janelle Salaün	6	18	53,8	3,0	0,5	6,0
Alexia Chery	6	13	42,3	2,0	1,5	4,7
Leïla Lacan	6	15	38,5	0,7	1,7	4,2
Marine Fauthoux	6	14	23,3	1,8	1,0	4,2
Dominique Malonga	4	7	45,5	2,0	0,3	2,8
Sarah Michel Boury	6	14	23,5	2,2	1,3	2,5
Romane Bernies	6	12	50,0	1,3	1,8	1,8

TOP STATS

POINTS

	Joueur	Équipe	Points
1.	Luka Doncic	Dallas	33,9
2.	Giannis Antetokounmpo	Milwaukee	30,4
3.	Shai Gilgeous-Alexander	Oklahoma City	30,1
4.	Jalen Brunson	New York	28,7
5.	Kevin Durant	Phoenix	27,1

REBONDS

	Joueur	Équipe	Rebonds
1.	Domantas Sabonis	Sacramento	13,7
2.	Rudy Gobert	Minnesota	12,9
3.	Anthony Davis	L.A. Lakers	12,6
4.	Nikola Jokic	Denver	12,4
5.	Jalen Duren	Detroit	11,6

PASSES

	Joueur	Équipe	Passes
1.	Tyrese Haliburton	Indiana	10,9
2.	Luka Doncic	Dallas	9,8
3.	Nikola Jokic	Denver	9,0
4.	James Harden	L.A. Clippers	8,5
5.	LeBron James	L.A. Lakers	8,3

Les résultats

FRANCE

COUPES DE FRANCE

COUPE DE FRANCE MASCULINE
JDA Dijon bat SIG Strasbourg : 83-70

COUPE DE FRANCE FÉMININE
Bourges Basket bat Basket Landes : 76-63

BETCLIC ÉLITE

CLASSEMENT SAISON RÉGULIÈRE

	Équipe	V	D
1.	Monaco	29	5
2.	Paris	27	7
3.	Lyon-Villeurbanne	25	9
4.	Bourg-en-Bresse	25	9
5.	Nanterre	20	14
6.	Saint-Quentin	17	17
7.	Cholet	17	17
8.	Le Portel	17	17
9.	Dijon	16	18
10.	Nancy	16	18
11.	Le Mans	15	19
12.	Strasbourg	15	19
13.	Limoges (*)	14	18
14.	Chalon-sur-Saône	14	20
15.	Gravelines-Dunkerque	12	22
16.	Blois	11	23
17.	Roanne	10	24
18.	Boulogne-Levallois	4	30

Boulogne-Levallois, Roanne et Blois relégués en Pro B.
(*) Limoges pénalisé du retrait de deux victoires pour cause de budget « insincère » (DNCCG).

PLAY-OFFS

QUARTS DE FINALE
Monaco bat Le Portel : 2-0
Bourg-en-Bresse bat Nanterre : 2-1
Paris bat Cholet : 2-1
Lyon-Villeurbanne bat Saint-Quentin : 2-0

DEMI-FINALES
Monaco bat Bourg-en-Bresse : 3-1
Paris bat Lyon-Villeurbanne : 3-2

FINALE
Monaco bat Paris : 3-1 (MVP : Mike James)

MVP DE LA SAISON RÉGULIÈRE
T.J. Shorts (Paris)

MEILLEUR DÉFENSEUR
John Brown (Monaco)

MEILLEUR JEUNE
Zaccharie Risacher (Bourg-en-Bresse)

MEILLEUR ENTRAÎNEUR
Tuomas Iisalo (Paris, FIN)

TOP STATS

POINTS

	Joueur	Équipe	Pts
1.	T.J. Shorts	Paris	16,3
2.	DeVante Jones	Le Mans	15,9
3.	Nadir Hifi	Paris	15,6
4.	Justin Bibbins	Nanterre	15,2
5.	Bastien Vautier	Le Portel	14,8

REBONDS

	Joueur	Équipe	Rbds
1.	Shevon Thompson	Nancy	7,8
2.	Youssoupha Fall	Lyon-Villeurbanne	7,8
3.	Neal Sako	Cholet	7,5
4.	Armel Traoré	Blois	7,3
5.	Yannis Morin	Roanne	7,1

PASSES

	Joueur	Équipe	Pds
1.	D.J. Cooper	Roanne	11,7
2.	T.J. Shorts	Paris	6,7
3.	Lucas Boucaud	Saint-Quentin	5,7
4.	Aleksej Nikolic	Chalon-sur-Saône	5,5
5.	DeVante Jones	Le Mans	5,2

PRO B

CLASSEMENT SAISON RÉGULIÈRE

	Équipe	V	D
1.	La Rochelle	27	7
2.	Vichy	25	9
3.	Boulazac	22	12
4.	Orléans	20	14
5.	Rouen	20	14
6.	Châlons-Reims	19	15
7.	Pau-Lacq-Orthez	18	16
8.	Gries-Souffel	17	17
9.	Antibes	17	17
10.	Poitiers	16	18
11.	Lille	16	18
12.	Saint-Chamond	15	19
13.	Nantes	14	20
14.	Aix-Maurienne	14	20
15.	Denain	13	21
16.	Fos-sur-Mer	12	22
17.	Evreux	11	23
18.	Angers	10	24

La Rochelle (champion) accède à la Betclic Élite.
Angers et Evreux sont relégués en N1.

MVP DE LA SAISON RÉGULIÈRE
Tray Buchanan (La Rochelle)

MEILLEUR JEUNE
Noah Penda (Vichy)

MEILLEUR ENTRAÎNEUR
Julien Cortey (La Rochelle)

LIGUE FÉMININE

CLASSEMENT SAISON RÉGULIÈRE

	Équipe	V	D
1.	Villeneuve-d'Ascq	19	3
2.	Bourges	18	4
3.	Basket Landes	16	6
4.	Lattes-Montpellier	13	9
5.	Charnay	11	11
6.	Lyon	11	11
7.	Tarbes	10	12
8.	Angers	9	13
9.	Charleville-Mézières	9	13
10.	Roche Vendée	5	17
11.	Saint-Amand	4	18
12.	Landerneau	7	15

Saint-Amand relégué en L2 (après play-downs).

PLAY-OFFS

QUARTS DE FINALE
Villeneuve-d'Ascq bat Angers : 2-0
Lattes-Montpellier bat Charnay : 1-1 (+4)
Tarbes bat Bourges : 1-1 (+3)
Basket Landes bat Lyon : 2-0

DEMI-FINALES
Villeneuve-d'Ascq bat Lattes-Montpellier : 2-0
Basket Landes bat Tarbes : 1-1 (+6)

FINALE
Villeneuve-d'Ascq bat Basket Landes : 2-0
(MVP : Kariata Diaby)

MVP DE LA SAISON RÉGULIÈRE
Kennedy Burke (Villeneuve-d'Ascq)

MEILLEURE JEUNE
Dominique Malonga (Tarbes)

MEILLEUR ENTRAÎNEUR
Rachid Meziane (Villeneuve-d'Ascq)

EUROPE

EUROLIGUE

FINALE
Panathinaïkos bat Real Madrid : 95-80

MVP DE LA SAISON RÉGULIÈRE
Mike James (Monaco)

MEILLEUR DÉFENSEUR
Thomas Walkup (Olympiakos)

MEILLEUR JEUNE
Gabriele Procida (Alba Berlin)

MEILLEUR ENTRAÎNEUR
Chus Mateo (Real Madrid)

EUROCOUPE

FINALE
Paris bat Bourg-en-Bresse : 2-0

MVP DE LA SAISON RÉGULIÈRE
T.J. Shorts (Paris)

BASKETBALL CHAMPIONS LEAGUE

FINALE
Malaga bat Tenerife : 80-75

MVP DE LA SAISON RÉGULIÈRE
Marcelinho Huertas (Tenerife)

FIBA EUROPE CUP

FINALE
Chemnitz bat Bahcesehir : 1-1 (+1)

EUROLIGUE FÉMININE

FINALE
Fenerbahçe Istanbul bat Villeneuve-d'Ascq : 106-73

MVP DE LA SAISON RÉGULIÈRE
Emma Meesseman (Fenerbahçe Istanbul)

EUROCOUPE FÉMININE

FINALE
London Lions bat Besiktas Istanbul : 1-1 (+4)